お散歩しながらフランス語

酒巻洋子

SANSHUSHA

Qu'est-ce qu'il fait beau, aujourd'hui!
[ケ・ス・キル・フェ・ボー、オージュールデュイ]

Bon! Je vais me promener dans Paris.
[ボン。ジュ・ヴェ・ム・プロムネ・ダン・パリ]

な〜んて今日はいいお天気！
よし！ パリを散歩しよう。

パリを散歩しよう！

パリを散歩しよう! 002
さて、どこに行こうか? 006
パリの主要な目印 008
(区 010)
パリの地図を見てみよう 012
(散歩に行く前にこれだけは覚えておきたい! 021)
ご近所さんに出会う 022

メトロに乗って 026
窓口で切符を買う 028
自動販売機で切符を買う 032
地下鉄路線図をもらう 036
目的地までの行き方を尋ねる 038
メトロに乗る 040
バスに乗りたいなら 044
バス停で 046
((暦の)月・週 048)
バスがどこを通るか聞く 050
バスを降りる 052
友達に出会う 054

市場で何を買う? 058
市場で買い物をする 060
量を決める 062
八百屋さん 066
肉屋さん 068
魚屋さん 070
乳製品屋さん 072
果物屋さん 074
お惣菜屋さんで買う 076
料理を指し示す 080
飲み物 082
ワインを買う 084
パンを買う 088

SOMMAIRE

ピクニックしよう！　092
　　ピクニックするのに必要なモノたち　094
　　外でお昼ごはんを食べる　096
　　公園にあるモノたち　098
　　犬に出会う　102
　　犬のための標識　106

散歩を始めよう！　108
　　パリの看板　110
　　情報を尋ねる　114
　　道にあるモノたち　118
　　道端で声をかけられる　122
　　（時刻　125）
　　パリの家　126
　　道に迷う　128

蚤の市をやっているよ　132
　　蚤の市でで買い物をする　134
　　蚤の市の売りモノたち　138

明日も晴れますように　142

本書では、状況に応じて単語に定冠詞、不定冠詞、部分冠詞を明記しています。一見して男性名詞か女性名詞か分からない場合は、男性名詞には (*m.*)、女性名詞には (*f.*) を表記しています。

	男性単数	女性単数	男女複数
定冠詞	le (l')	la (l')	les
不定冠詞	un	une	des
部分冠詞	du (de l')	de la (de l')	

さて、どこに行こうか？
Alors, je vais où? [アロー、ジュ・ヴェ・ウ]

Paris est comme un escargot. [パリ・エ・コム・アン・ネスカルゴ]（パリはかたつむり）と言われるのは、20ある区がシテ島（⑤のところ）を発端として、エスカルゴの殻の渦巻きのようにぐるりと回って並んでいるから。したがって中心が1桁の区で外側が2桁の区というわけ。だから、パリの形はとっても分かりやすい。

【 Paris 】 [パリ] (m.)
パリ

La Seine
[ラ・セーヌ]
セーヌ河

Rive gauche [リーヴ・ゴーシュ] (f.)
左岸

Nord [ノール] (m.)
北

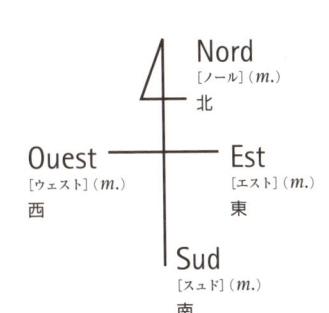

Ouest [ウェスト] (m.)
西

Est [エスト] (m.)
東

Sud [スュド] (m.)
南

Rive droite [リーヴ・ドロワット] (f.)
右岸

東から西へと流れるセーヌ河の下流に向かって、右手 (droite) が右岸 (北側)、左手 (gauche) が左岸 (南側)。la rive は岸という意味。

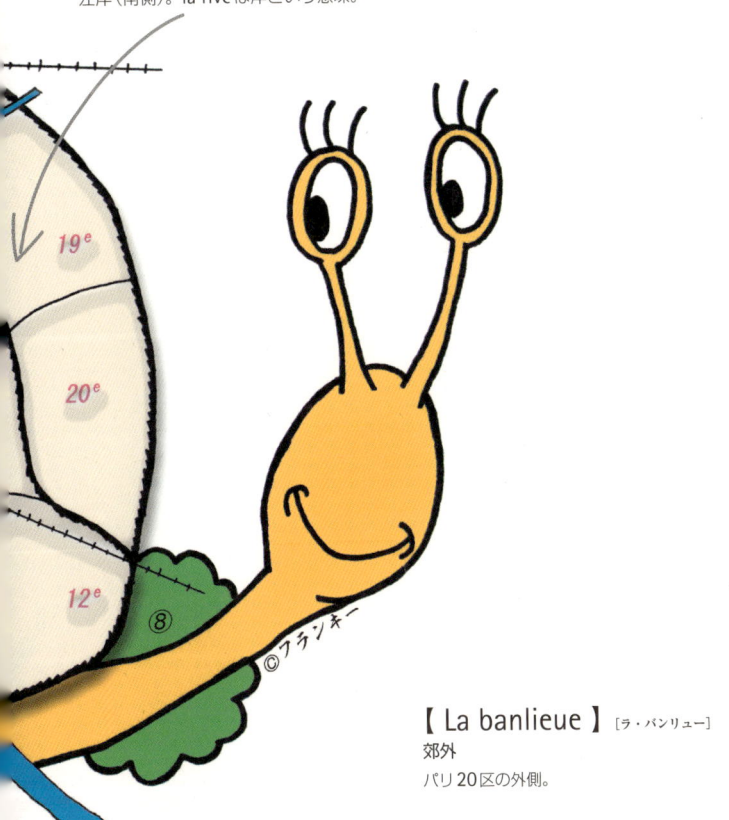

【 La banlieue 】 [ラ・バンリュー]
郊外
パリ20区の外側。

パリの主要な目印
Les points de repère principaux dans Paris
[レ・ポワン・ドゥ・ルペール・プランスィポー・ダン・パリ]

パリを散歩するために主要な建物などの位置関係を覚えておこう（→P.006 地図）。

① La tour Eiffel [ラ・トゥール・エフェル]
エッフェル塔

お馴染み、パリのシンボルであるタワー（la tour）。

② L'Arc de Triomphe [ラルク・ドゥ・トリオンフ] (*m*.)
凱旋門

凱旋した兵士たちを迎えた、その名の通り、勝利（le triomphe）のアーチ（l'arc）。

③ La basilique du Sacré-Cœur [ラ・バズィリック・デュ・サクレ・クール]
サクレ・クール寺院

モンマルトルの丘（la butte Montmartre [ラ・ブュット・モンマルトル]）の上に建つ寺院（la basilique）。

④ Le musée du Louvre [ル・ミュゼ・デュ・ルーヴル]
ルーヴル美術館

世界一有名で広大な美術館（le musée）といえばココ。

⑤ La cathédrale Notre-Dame de Paris
[ラ・カテドラル・ノートル・ダム・ドゥ・パリ]
ノートル・ダム大聖堂

パリ誕生の地であるシテ島（l'île de la Cité [リル・ドゥ・ラ・シテ] (*f*.)）にある大聖堂（la cathédrale）。すぐ横にある島はサン・ルイ島（l'île Saint-Louis [リル・サン・ルイ]）。

⑥ La tour Montparnasse [ラ・トゥール・モンパルナス]
モンパルナスタワー

にょっきりと顔を出している210mの高さのビル。

⑦ Le canal Saint-Martin [ル・カナル・サン・マルタン]
サン・マルタン運河

セーヌ河から枝分かれし、バスティーユ広場からラ・ヴィレットまでの運河（le canal）。

⑧ **Le bois de Vincennes** [ル・ボワ・ドゥ・ヴァンセンヌ]
ヴァンセンヌの森

⑨ **Le bois de Boulogne** [ル・ボワ・ドゥ・ブーローニュ]
ブーローニュの森

パリを挟んで東西には大きな森林公園がある。le bois よりもさらに大きな森は、la forêt [ラ・フォレ] と言う。

⑩ **La gare de Lyon** [ラ・ガール・ドゥ・リヨン]
リヨン駅

リヨン方面や、南仏への発着駅(la gare (→P.020))。

⑪ **La gare d'Austerlitz** [ラ・ガール・ドーステルリッツ]
オステルリッツ駅

フランス南西部、スペイン、ポルトガル方面への発着駅。

⑫ **La gare Montparnasse** [ラ・ガール・モンパルナス]
モンパルナス駅
大西洋岸地方やフランス西部への発着駅。

⑬ **La gare Saint-Lazare** [ラ・ガール・サン・ラザール]
サン・ラザール駅

フランス北西地方への発着駅。

⑭ **La gare de l'Est** [ラ・ガール・ドゥ・レスト]
東駅

フランス東部地方、ドイツやスイス方向への発着駅。

⑮ **La gare du Nord** [ラ・ガール・デュ・ノール]
北駅

フランス北部への発着駅。

パリの主要な目印

【 Les arrondissements 】
[レ・ザロンディスマン] (*m.*)
区

20ある区はそれぞれ道の標識に記されているから、自分が何区にいるのかがすぐ分かる（→P.006地図）。数字は序数詞（〜番目の）で言うけれど、基本的に数字のつづりの後に ième [ィエム] をつければいいだけ（例外もあり）。略は数字の右上に e をつける。

> deuxième と douzième の発音をカタカナで書くと同じ [ドゥズィエム]。しかし、この小さな "ゥ" の音が微妙に異なり、非常に厄介。deuxième の eu は発音表記は [ø] で、口は日本語の「う」の形のまま、「え」と発音するように。douzième の ou は [u] で、口を前に突き出して舌を奥に引いて発音するというもの。あとは練習あるのみ。

1, un (une) [アン (ユンヌ)]
　→ premier arrondissement [プルミエ・ラロンディスマン] ……………………… 1区

2, deux [ドゥー]
　→ deuxième arrondissement [ドゥズィエム・アロンディスマン] ……………… 2区

3, trois [トロワ]
　→ troisième arrondissement [トロワズィエム・アロンディスマン] …………… 3区

4, quatre [カトル]
　→ quatrième arrondissement [カトリィエム・アロンディスマン] ……………… 4区

5, cinq [サンク]
　→ cinquième arrondissement [サンキエム・アロンディスマン] ………………… 5区

6, six [スィス]
　→ sixième arrondissement [スィズィエム・アロンディスマン] ………………… 6区

7, sept [セト]
　→ septième arrondissement [セティエム・アロンディスマン] …………………… 7区

8, huit [ユイト]
　→ huitième arrondissement [ユイティエム・アロンディスマン] ………………… 8区

9, neuf [ヌフ]
　→ neuvième arrondissement [ヌヴィエム・アロンディスマン] …………………… 9区

10, dix [ディス]
　→ dixième arrondissement [ディズィエム・アロンディスマン] ………………… 10区

4e. Arr^t.

ココを見れば自分のいる区が分かる。
1区の略だけは 1er。この標識は、
4区のリヴォリ通り(Rue de Rivoli)
を指すということ。

11, onze [オーンズ]
 → onzième arrondissement [オンズィエム・アロンディスマン] ………… 11区

12, douze [ドゥーズ]
 → douzième arrondissement [ドゥズィエム・アロンディスマン] ………… 12区

13, treize [トレーズ]
 → treizième arrondissement [トレズィエム・アロンディスマン] ………… 13区

14, quatorze [カトルズ]
 → quatorzième arrondissement [カトルズィエム・アロンディスマン] ………… 14区

15, quinze [カーンズ]
 → quinzième arrondissement [カンズィエム・アロンディスマン] ………… 15区

16, seize [セーズ]
 → seizième arrondissement [セズィエム・アロンディスマン] ………… 16区

17, dix-sept [ディセト]
 → dix-septième arrondissement [ディセティエム・アロンディスマン] ………… 17区

18, dix-huit [ディズュイト]
 → dix-huitième arrondissement [ディズュイティエム・アロンディスマン] ………… 18区

19, dix-neuf [ディズヌフ]
 → dix-neuvième arrondissement [ディズヌヴィエム・アロンディスマン] ………… 19区

20, vingt [ヴァン]
 → vingtième arrondissement [ヴァンティエム・アロンディスマン] ………… 20区

パリの地図を見てみよう
Regarder le plan de Paris.
[ルガルデ・ル・プラン・ドゥ・パリ]

すべての道に名前がついていて、道の角に名前の標識があるパリ。地図さえあればよほどの方向音痴でないかぎり、迷うことはない。地図にある単語も覚えれば、パリを把握したも同然。

番地(le numéro [ル・ニュメロ])は道の左右で偶数側と奇数側に分かれているだけだから、住所が分かれば数字を辿ってどこへでもたどり着ける。偶数番地は le numéro pair [ル・ニュメロ・ペール]、奇数番地は le numéro impair [ル・ニュメロ・アンペール]。番地の数字に bis [ビス] がついていれば、その番号の隣。ter [テル] がついていれば、その番号の隣の隣ということ。

L'avenue [ラヴニュ] (f.)
大通り

並木のある大通り。ギリシャ神話から楽園（Champs-Elysées）と名づけられた、シャンゼリゼ大通り（l'avenue des Champs-Elysées [ラヴニュ・デ・シャンゼリゼ]）といえば皆さんご存知。

Le boulevard
[ル・ブールヴァール]
大通り

こちらも並木のある大通りだけれど、大昔にパリを囲んでいた城壁の跡にできた道のこと。地図で環状になったboulevardを辿ると、当時のパリの大きさが分かる。

La rue [ラ・リュ]
道

パリでもっとも多い通り。一言でrueといっても細くて短いのから、avenueくらいの広さのものまで何でもアリ。

パリの地図を見てみよう

L'allée [ラレ] (f.)
遊歩道

公園の中の小道の名前についていることが多く、その名の通りパリジャンたちのお気に入りの散歩道。

L'impasse [ランパス] (f.)
袋小路

im（否定）+ passe（通る）だから行き止まり。以前は直訳すると"袋の尻"という le cul-de-sac [ル・キュ・ドゥ・サック] と呼ばれており、今でも壁に文字が残っているところも。

Le passage [ル・パサージュ]
小道

他にも la cité [ラ・シテ] や la villa [ラ・ヴィラ] と名づけられている道もあり、通り抜けできなかったりすることもあるので要注意。

Le passage couvert
[ル・パサージュ・クーヴェル]
アーケード

屋根つき（couvert）の商店街で、単に le passage とも言う。la galerie [ラ・ガルリー] とも呼ばれ、19世紀の古きよき雰囲気が楽しめるアーケードも多く残る。

Le quai [ル・ケ]
河岸通り

セーヌ河に沿った道のこと。したがってシテ島とサン・ルイ島の外側の道はすべて quai となる。美しきパリの街をセーヌ河越しに望める、人気スポット。

Le pont [ル・ポン]
橋

パリには37ものセーヌ河にかかる橋があり、それぞれ特徴があるため見比べても面白い。そのうち歩行者専用の橋を la passerelle [ラ・パスレル] とも呼ぶ。

パリの地図を見てみよう

La cour [ラ・クール]
中庭

建物で囲まれた空間のことを言う。門をくぐって中に入ると石畳(les pavés [レ・パヴェ])にお店が並び、ちょっとした村のよう。通り抜けできるところもあり。

Le carrefour [ル・カルフール]
交差点

交差点にも名前があったりする。シャルル・ド・ゴール広場のように凱旋門の周りを車がグルグル回って右折する円形交差点は、le rond-point [ル・ロン・ポワン]と言う。

La place [ラ・プラス]
広場

たいてい広場の中央に偉大な人物の像(la statue [ラ・スタテュ])や記念柱(la colonne [ラ・コロンヌ])、噴水(la fontaine [ラ・フォンテーヌ])があり、rond-pointのように使われる。

Le square [ル・スクアル]
小公園

街中のちょっとした空間にある小さな公園はすべて square。どんなに小さな場所でもちゃんと利用者がいるところが、屋外好きのパリジャンぽい。

Le parc [ル・パルク]
公園

広大な敷地に自然の起伏をそのままに生かしたイギリス式庭園が主。夏は寝転がって日焼けをする人々で芝生は埋め尽くされる。

Le jardin [ル・ジャルダン]
庭園

チュイルリー公園（le jardin des Tuileries [ル・ジャルダン・デ・テュイルリ]）やリュクサンブール公園（le jardin du Luxembourg [ル・ジャルダン・デュ・リュクサンブール]）など。かつての宮殿の幾何学的なフランス式庭園。

パリの地図を見てみよう

La mairie [ラ・メリー]
区役所

20の区それぞれにある。市役所はHôtel de ville [オテル・ドゥ・ヴィル] で、街 (la ville) の公共建造物 (l'hôtel (m.)) という意味。パリ市長は le maire de Paris [ル・メール・ドゥ・パリ] と呼ぶ。

La poste [ラ・ポスト]
郵便局

正確には le bureau de poste [ル・ビュロー・ドゥ・ポスト]。郵便ポストや郵便受けのことは、手紙 (la lettreのための箱 (la boîte) という、la boîte aux lettres [ラ・ボワットー・レトル]。

L'hôpital [ロピタル] (m.)
病院

公立や私立の総合病院のこと。主要な公立病院は、神！(Dieu (m.)) の建物という l'hôtel-Dieu [ロテル・ディユー] とも呼ぶ。小さな私立の病院は la clinique [ラ・クリニック]。

L'église [レグリーズ] (*f.*)
教会

基本的にカトリックの教会のこと。プロテスタントの教会は le temple [ル・タンブル]、回教寺院は la mosquée [ラ・モスケ]、ユダヤ教会堂は la synagogue [ラ・スィナゴーグ]。

L'école [レコール] (*f.*)
学校

幼稚園は l'école maternelle [レコール・マテルネル]、小学校は l'école primaire [レコール・プリメール]、中学校は le collège [ル・コレージュ]、高校は le lycée [ル・リセ]、大学は l'université [リュニヴェルスィテ] (*f.*)。日本の教育システムとは異なる。

La police [ラ・ポリス]
警察

警察署は le commissariat de police [ル・コミサリア・ドゥ・ポリス]。パリの滞在許可証を得るために誰でも訪れるのは、la préfecture de police [ラ・プレフェクテュール・ドゥ・ポリス] (警視庁)。

パリの地図を見てみよう

Les sapeurs-pompiers
［レ・サプール・ポンピエ］(*m.*)
消防署

正確には消防士たちの施設という、la caserne des sapeurs-pompiers［ラ・カゼルヌ・デ・サプール・ポンピエ］。消防士は un pompier。

La gare ［ラ・ガール］
駅

各地方へ、フランス鉄道公社 SNCF［エス・エヌ・セー・エフ］(Société nationale des chemins de fer français の略)の列車が発着する駅(→P.009)。日本の新幹線的な高速列車は TGV［テー・ジェー・ヴェー］(le train à grande vitesse の略)。

Le cimetière ［ル・スィムティエール］
墓地

日本とは異なり、明るく開放的で緑も多い墓地は、パリジャンの散歩道のひとつ。著名人も多く眠っているため、観光客にも人気。墓は la tombe［ラ・トンブ］。

散歩に行く前にこれだけは覚えておきたい！

Bonjour. [ボンジュール]
こんにちは。

Au revoir. [オーヴォワール]
さようなら。

Pardon. [パルドン]
すみません。

Merci. [メルスィ]
ありがとう。

フランスはまず言葉ありきの国。どんな店にでも入ったら「Bonjour.」、出るときは「Au revoir.」が基本。店員さんだけでなく、他のお客さんに声をかける人だっているし、ちゃんとみんな言葉を返す。道を空けて欲しい時や、ちょっとぶつかったら「Pardon.」。先に通った人が扉を開けて待っていてくれたら、もちろん「Merci.」。これらはとっても当たり前なことばかりだけど、言葉の少ない日本ではできていないことばかり。

この4つの言葉を元気に言えるようになったら、

On y va! [オニ・ヴァ]
さあ、出かけよう！

ご近所さんに出会う
Rencontrer un voisin. [ランコントレ・アン・ヴォワザン]

家から出ると、ご近所さんにバッタリ。

Moi
Bonjour monsieur. [ボンジュール・ムスィユー]
おはようございます。

Un voisin
Bonjour mademoiselle. [ボンジュール・マドモワゼル]
おはよう。

Moi
Comment allez-vous? [コマンタレ・ヴ]
ご機嫌いかがですか？

Un voisin
Ça va, ça va. [サ・ヴァ、サ・ヴァ]
いいよ、いいよ。

Quel beau temps, hein? [ケル・ボー・タン、アン]
なんていい天気だろうねぇ。

Vous allez vous promener? [ヴザレ・ヴ・プロムネ]
散歩に行くのかい？

Moi
Oui, je vais faire des courses au marché pour, ensuite, aller pique-niquer.
[ウィ、ジュ・ヴェ・フェル・デ・クルス・オ・マルシェ・プール、アンスュイット、アレ・ピク・ニケ]
えぇ、市場へピクニックするための買い物をしに行くの。

Un voisin

Ah! C'est une très bonne idée. ［ァァ、セテュンヌ・トレ・ボンニデ］
あぁ！ そりゃとてもいい考えだ。

Allez, profitez bien du soleil! ［アレ、プロフィテ・ビヤン・デュ・ソレイユ］
では、太陽を存分に楽しむんだよ！

Moi

Oui. Bonne journée monsieur! ［ウィ、ボンヌ・ジュルネ・ムスィユー］
えぇ。よい一日を！

ご近所さんに出会う

【 Moi 】 [モワ]
私

1人称単数の強勢形。

【 Un voisin 】 [アン・ヴォワザン]
近所の人

女性形は une voisine [ユンヌ・ヴォワズィーヌ]。

【 Bonjour monsieur. 】 [ボンジュール・ムスィユー]
おはようございます。

名前を知っているのなら、monsieur (madame) の後に名前をつけて言うとさらに親密度はアップ。男性対男性ならば握手の方が一般的だけど、女性対女性、男性対女性ならばある程度知り合いになったところで「On s'embrasse? [オン・サンブラス] (ビズし合う?)」などと言って、握手はビズ(→P.056) に変わる。やはりあいさつはビズの方が、みんなうれしそう。

【 Comment allez-vous? 】 [コマンタレ・ヴ]
ご機嫌いかがですか?

逆に聞かれたら、「Ça va bien. [サ・ヴァ・ビヤン] (元気です)」とか、「Très bien, et vous? [トレ・ビヤン、エ・ヴ] (とてもいいです。であなたは?)」と聞き返してもいい。あまり元気がないなら、「Pas très bien. [パ・トレ・ビヤン]」と言っても。すると相手はたいてい「Qu'est-ce qui ne va pas? [ケ・ス・キ・ヌ・ヴァ・パ] (何がよくないのか?)」と聞いてくる。

【 Quel beau temps! 】 [ケル・ボー・タン]
なんていい天気!

あいさつに天気の話は万国共通。「Qu'est-ce qu'il fait beau! (→P.002)」と同じ意味の感嘆文。天気が悪い時は、「Quel mauvais temps! [ケル・モーヴェ・タン] (なんていやな天気!)」、「Qu'est-ce qu'il pleut! [ケ・ス・キル・プル] (よくまあ雨が降ること!)」など。

【 Bonne journée! 】 [ボンヌ・ジュルネ]
よい一日を!

別れの言葉として、お昼ごろならば Bon après-midi! [ボン・ナプレ・ミディ] (楽しい午後を)、夕方ならば Bonne soirée! [ボンヌ・ソワレ] または Bonne fin journée! [ボンヌ・ファン・ジュルネ] (楽しい夜を!)、週末ならば Bon week-end! [ボン・ウィケンド] (よい週末を!) と言ってあげよう。

Aujourd'hui, je vais à un marché un peu loin de chez moi.
[オージュールデュイ、ジュ・ヴェ・ア・アン・マルシェ・アン・プ・ロワン・ドゥ・シェ・モワ]

C'est amusant de découvrir un nouvel endroit.
[セタミュザン・ドゥ・デクヴリル・アン・ヌーヴェル・ロンドロワ]

Bon, je prends le métro ... [ボン、ジュ・プランド・ル・メトロ]

メトロに乗って

【 Le métro 】 [ル・メトロ]
地下鉄

le métropolitain [ル・メトロポリタン] の略で、古い駅の入り口には略さずに書いてある。でもたいていは METRO もしくはただの M が目印。メトロの入り口は、la bouche de métro [ラ・ブッシュ・ドゥ・メトロ]。

今日は家からちょっと離れた市場に行こう。
新しいところを見つけるのは楽しいもんね。
では、メトロに乗って…。

窓口で切符を買う
Acheter un ticket au guichet. [アシュテ・アン・ティケ・オ・ギシェ]

メトロに乗るには、まず切符を買わなきゃ。パリ内ならば、切符1枚でどこまでも、何回でも乗り換えができるため、行き先を伝える必要はナシ。

Bonjour. [ボンジュール]
こんにちは。

Un ticket, s'il vous plaît. [アン・ティケ、シル・ヴ・プレ]
切符1枚ください。

C'est un euro quarante, s'il vous plaît.
[セタン・ニューロ・カラント、シル・ヴ・プレ]
1ユーロ40セント（サンティーム）です。

Au revoir. [オーヴォワール]
さようなら。

もしパリ郊外のヴェルサイユに行くのならば、

Un aller-retour pour Versailles, s'il vous plaît.
[アン・ナレー・ルトゥール・プール・ヴェルサイユ、シル・ヴ・プレ]
ヴェルサイユまで往復1枚ください。

【 Un aller-retour 】 [アン・ナレー・ルトゥール]
往復切符

行って（aller）戻る（retour）から往復。単に（simple）行くだけの切符ならば、un aller（simple）[アン・ナレー・（サンプル）]。2人分の往復切符が欲しいなら、deux aller-retours [ドゥー・ザレー・ルトゥール]。

【 Un préposé au guichet 】
[アン・プレポゼ・オ・ギシェ]
窓口係

女性形は une préposée [ユヌ・プレポゼ]。

【 Le guichet 】 [ル・ギシェ]
切符売り場

地方へ行くTGVなどの切符(le billet (→P.030))の窓口や切符販売機は la billetterie [ラ・ビィエトリ] と呼ぶ。"Fermé [フェルメ] (閉鎖)"の札があったら待っていても開かないため、他の窓口に並ぼう。

窓口で切符を買う

【 Un ticket 】 [アン・ティケ]
切符

基本的にメトロやバスの切符のこと。TGVの列車や飛行機、劇場などの大きなチケットは un billet [アン・ビィエ] と言う。

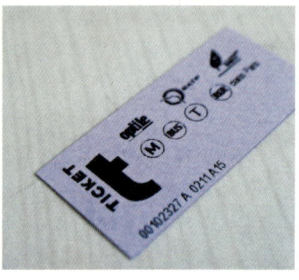

【 Un carnet 】 [アン・カルネ]
回数券

メトロの回数券は10枚綴り。バスも同じ切符だから買っておいて損はなし。街中のたばこ屋さんでも売っているところがある。

【 Une carte orange 】
[ユンヌ・カルト・オランジュ]
定期券

名の通りオレンジ(orange)のカード(la carte)。1週間(hebdomadaire [エブドマデール])と1カ月(mensuelle [マンスュエル])有効のものがある。pour une semaine [プール・ユンヌ・スメーヌ] (1週間用)、pour un mois [プーウ・アン・モワ] (1カ月用)と言っても。

【 名詞, + s'il vous plaît. 】 [〜、シル・ヴ・プレ]
〜ください。

物を買う時、何かを頼む時など、欲しい物の名詞の後につける言葉。「お願いしま〜す!」と人を呼ぶ時にも使える(→P.050)。

他にも1日乗り放題の une (carte) mobilis [ユンヌ・(カルト・)モビリス] や1日〜数日有効の une (carte) Paris visite [ユンヌ・(カルト・)パリ・ヴィズィト] などがあるけれど、すべて後に s'il vous plaît をつければいいだけ。

窓口に値段が書いてあるので確認。Billet à l'unité［ビィエ・ア・リュニテ］1回券、Billets en carnet［ビィエ・アン・カルネ］回数券、Plein tarif［プラン・タリフ］(m.) 普通料金、Demi-tarif［ドゥミ・タリフ］(m.) 半額割引料金。Abonnements et forfaits［アボヌマン・エ・フォルフェ］(m.) 定期とクーポン。パリ内ならば、1－2ゾーン（Zones［ゾヌ］(f.)）でOK。

自動販売機で切符を買う
Acheter un ticket au distributeur.
［アシュテ・アン・ティケ・オ・ディストリビュトゥール］

窓口が切符を買う人で行列だったり、販売員がいない！なんてこともよくある話。自動販売機の方が使う人は少ないし、使い方も簡単だから、画面のフランス語を理解して使ってみよう。

1

Acheter des tickets, coupons.
［アシュテ・デ・ティケ、クーポン］
チケット、クーポンを買う。

Tournez le rouleau, puis appuyez sur valider.
［トゥルネ・ル・ルーロー、ピュイ・アピュイエ・スュル・ヴァリデ］
ローラーを回し、その後有効を押してください。

Recharger un passe Navigo.
［ルシャルジェ・アン・パス・ナヴィゴ］
ナヴィゴ（日本のSuicaのようなもの）をチャージする。

もちろん切符を買うわけだからローラーを上に回し、有効を押す。

032

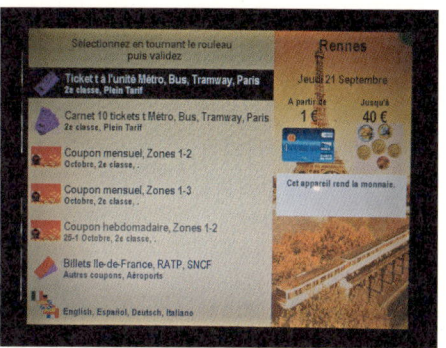

Sélectionnez en tournant le rouleau, puis validez.

[セレクショネ・アン・トゥルナン・ル・ルーロー、ピュイ・ヴァリデ]

ローラーを回して選択し、その後有効にしてください。

Ticket t à l'unité Métro, Bus, Tramway, Paris 2e classe, Plein Tarif

パリのメトロ、バス、路面電車t1回券、2等車(1等車はない)、普通料金

Carnet 10 tickets t Métro, ... Plein Tarif

パリのメトロ … 10枚綴り回数券、普通料金

Coupon mensuel, Zones 1-2(1-3), Octobre, 2e class

1カ月定期(カルト・オランジュ)、1-2(1-3)ゾーン、10月(翌月)分、2等車

Coupon hebdomadaire, Zones 1-2, 25-1 Octobre, 2e class

1週間定期、1-2ゾーン、9月25日〜10月1日(翌週)分、2等車

Billets Ile-de-France, RATP, SNCF, Autres coupons, Aéroports

イル・ドゥ・フランス地域のRATP、SNCFの切符、他の定期、空港行き

上記の中から自分の買いたいものを選ぶ(ここでは1回券を選択)。右側のカードの上のA partir de 1€ [ア・パルティ・ドゥ・アン・ニューロ] は1ユーロからカードが使える、コインの上のJusqu'à 40€ [ジュスカ・カラント・ユーロ] は40ユーロまで小銭が使えるということ。

自動販売機で切符を買う

3

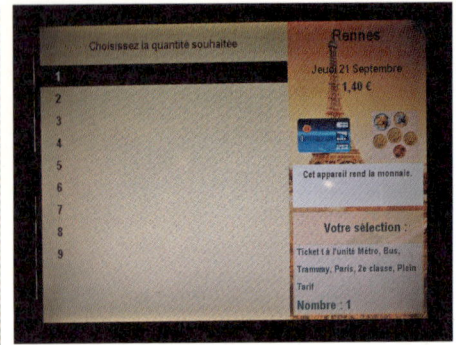

Choisissez la quantité souhaitée.
[ショワズィセ・ラ・カンティテ・スエテ]

希望の枚数を選んでください。

1枚を選ぶと、右上に料金が表示。右下の Votre sélection [ヴォトル・セレクスィオン]（あなたの選択）で自分の選んだものを確認。

4

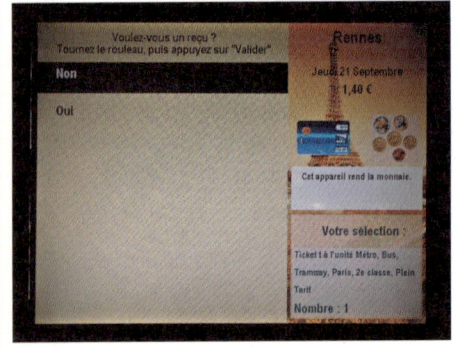

Voulez-vous un reçu?
[ヴレ・ヴ・アン・ルスュ]

領収書が必要ですか？

Tournez le rouleau, puis appuyez sur "Valider".
[トゥルネ・ル・ルーロー、ピュイ・アピュイエ・スュル・ヴァリデ]

ローラーを回し、その後"有効"を押してください。

必要ないなら Non、必要なら Oui。

⑤

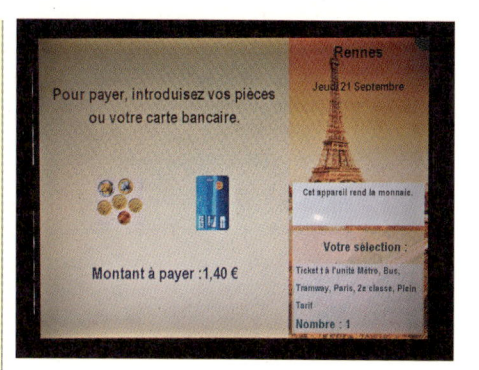

Pour payer, introduisez vos pièces ou votre carte bancaire.
［プール・ペイエ、アントロデュイゼ・ヴォ・ピエス・ウ・ヴォトル・カルト・バンケール］
支払うには、小銭またはキャッシュカードを入れてください。

Montant à payer : 1,40€
［モンタン・ア・ペイエ］

支払い総額：1ユーロ40セント（サンチーム）

販売機では紙幣は使えず、小銭のみ。キャッシュカードはICチップつきのみ使え、カードを入れたら暗証番号（le code ［ル・コード］）を押してvalider。

これで切符が買える！

何の自動販売機でもvalider ［ヴァリデ］（有効にする）とannuler ［アニュレ］（取り消す）は共通。分からなくなったら、annulerを押せば大丈夫。画面中のCet appareil rend la monnaie. ［セタパレユ・ランド・ラ・モネ］（この機械はおつりが戻ります）とは、機械によってはおつりを返してくれないものもあるということ！証明写真の機械はNe rend pas de monnaie. ［ヌ・ランド・パ・ドゥ・モネ］（おつりが戻りません）と書いてあるものもあるためご注意。またEn panne. ［アン・パンヌ］（故障中）、またはHors service. ［オル・セルヴィス］（使用中止）と表示されていれば、もちろん使えない。

地下鉄路線図をもらう
Demander un plan du métro. [ドゥマンデ・アン・プラン・デュ・メトロ]

メトロの入り口や改札口、ホームにも路線図があるけれど、自分で持っていたほうがやっぱり安心。まずは窓口で路線図をもらおう。

Un plan du métro, s'il vous plaît.
[アン・プラン・デュ・メトロ、シル・ヴ・プレ]
地下鉄の路線図1つください。

とはいえ、ない窓口もあるので、

Vous avez un plan du métro?
[ヴザヴェ・アン・プラン・デュ・メトロ]
地下鉄の路線図はありますか？

と聞いても。

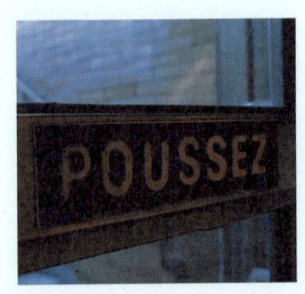

【 Poussez 】[プセ]
押してください

【 Tirez 】[ティレ]
引いてください

お店の扉などでもよく見かけるこの文字。または Entrée [アントレ] (入り口)、Sortie [ソルティ] (出口) と書いてあることも。とはいえ、メトロの扉は押しても引いても、どっちでも開く。

路線図が手に入ったら、これでもうどこへでも行ける。自分のいる駅と目的地の駅を探し出し、そこを通る路線と路線が重なる駅を見つけよう。乗り換えの駅が分かったら、まずそこまで行く路線番号と終点の駅名を覚える。その次に、乗り換える路線番号と目的地方向の終点駅を覚えること。

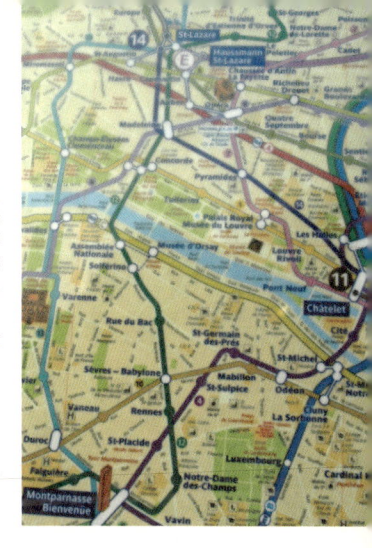

【 RATP 】 [エル・アー・テー・ペー]
パリ交通公団

Régie autonome des transports parisiensの略。パリとパリ郊外の交通機関を運営する。

【 La station de métro 】 [ラ・スタスィオン・ドゥ・メトロ]
地下鉄の駅

これに対して地方への列車の駅は la gare (→P.020)。駅名を言うときは、la station Madeleine [ラ・スタスィオン・マドレーヌ] でマドレーヌ寺院駅となる。

【 La ligne 】 [ラ・リーニュ]
路線

パリのメトロは14号線まであり、1号線は la ligne numéro un [ラ・リーニュ・ニュメロ・アン]。

【 RER 】 [エル・ウー・エル]
高速郊外鉄道

Réseau Express Régionalの略。パリから郊外へと続く線。A～Eの5路線あり、パリ内だけでも利用できるけれど、メトロからの乗換えが遠かったりする。

【 Le tram 】 [ル・トラム]
路面電車

パリの南部に1路線、パリ郊外に2路線あり、Ⓣのマークがついている。

目的地までの行き方を尋ねる
Demander l'itinéraire jusqu'à destination.
[ドゥマンデ・リティネレール・ジュスカ・デスティナスィオン]

路線図を見れば行き方は分かると思うけれど、分からなければ聞くしかない。窓口が混んでいたら、パリジャンらしき人をつかまえよう(旅行者の場合もあるから注意)。

Moi
Excusez-moi, madame. [エクスキューゼ・モワ、マダム]
すみません。

Comment puis-je aller à la station Musée du Louvre?
[コマン・ピュイ・ジュ・アレ・ア・ラ・スタスィオン・ミュゼ・デュ・ルーヴル]
どうやってルーヴル美術館の駅に行けばいいですか?

Une dame
Prenez la ligne numéro 12 jusqu'à la station Concorde.
[プルネ・ラ・リーニュ・ニュメロ・ドゥーズ・ジュスカ・ラ・スタスィオン・コンコルド]
コンコルドの駅まで12番線に乗ってください。

Ensuite changez pour la ligne numéro 1, en direction Château de Vincennes et vous trouverez cette station.
[アンスュイット・シャンジェ・プール・ラ・リーニュ・ニュメロ・アン、アン・ディレクスィオン・シャトー・ドゥ・ヴァンセンヌ・エ・ヴ・トルヴェ・セット・スタスィオン]
それから1番線、ヴァンセンヌ城行きに乗り換えると、その駅が見つかりますよ。

Moi
Merci beaucoup, madame. [メルスィ・ボークー、マダム]
どうもありがとうございます。

Une dame
Je vous en prie. [ジュ・ヴザン・プリ]
どういたしまして。

【 Une dame 】 [ユンヌ・ダム]
婦人

une femme [ユンヌ・ファム] よりも丁寧な言い方。男性ならば un homme [アン・ノム] よりも丁寧な言い方が、un monsieur [アン・ムスィユー]。

【 Excusez-moi. 】 [エクスキューゼ・モワ]
すみません。

これだけでもいいのだけれど、madame や monsieur をつけると、さらに丁寧な言い方に。もちろん merci につけるのも同様。

【 Comment puis-je aller à + 場所 ? 】
[コマン・ピュイ・ジュ・アレ・ア・〜]
どうやって〜に行くことができるか?

駅への行き方は誰でも同じだから、on (私たちは) という言い方でも言える。

Comment peut-on aller à la Gare du Nord?
[コマン・プトン・アレ・ア・ラ・ガル・デュ・ノール]
どうやって北駅に行けばいいですか?

めちゃくちゃ簡単に言うならば、「Pour + 場所」だけでも行き方を教えてもらえる。

Pour la station Musée du Louvre, s'il vous plaît.
[プール・ラ・スタスィオン・ミュゼ・デュ・ルーヴル、シル・ヴ・プレ]
ルーヴル美術館の駅までお願いします。

この言い方はタクシーなどで行き先を伝える時にも使える。

【 Changer pour ... 】 [シャンジェ・プール・〜]
〜に乗り換える

同じものを新しく換えるのは、changer pour ...。違うものに換えるのは、changer en ...。

Je voudrais changer des yens en euros.
[ジュ・ヴドレ・シャンジェ・デ・イェン・アン・ニューロ]
円をユーロに両替してください。

メトロに乗る
Prendre le métro. ［プランドル・ル・メトロ］

これでようやくメトロに乗れる。

【 Le contrôle des billets 】 ［ル・コントロール・デ・ビエ］
改札

自動改札は穴に切符を入れ、出てきた切符を取ってから腰の高さにあるバーを回し、扉を押して入る。切符を取らないとバーは動かないので、あわてずゆっくり。出る時は扉を押して出るだけで切符はいらないけれど、たまに切符を検査（le contrôle）する検札員（contrôleur / contrôleuse ［コントロルール／コントロルーズ］）がいるため、メトロを出るまで切符は持っていること。切符を持っていなかったり、刻印してなかったりすると何倍もの罰金（l'amende ［ラマンド］（ $f.$ ））を払うはめになるため、悪いことはよそう。

【 Direction 】 ［ディレクスィオン］（ $f.$ ）
方向

通路では、自分の乗るべき路線番号とその方向の最終駅名が書かれた標識をひたすらたどる。同じ路線番号でも駅名が異なれば、反対方向なので注意。ホーム近くになると、停まる駅名も書かれているため、行きたい方向を最度確認。

【 Le quai 】 [ル・ケ]
ホーム

"河岸通り"(→P.015) と同じだと気づいたあなたはエライ。ホームでも Direction を確認し、ベンチ (un banc [アン・バン]) に座って待つ。おしゃれな広告 (la publicité [ラ・ピュブリスィテ]) を眺めて過ごすのもいい。

【 Le train 】 [ル・トラン]
電車

電車がホームに入ってきてもアナウンスは何もない。ほとんどの扉は手動なため、取っ手 (la poignée [ラ・ポワニエ]) を回すか、ボタン (le bouton [ル・ブトン]) を押して自分で開ける。始発電車は le premier train [ル・プルミエ・トラン]、最終電車は le dernier train [ル・デルニエ・トラン]。

メトロに乗る

【 Dans le train 】[ダン・ル・トラン]
電車内

その路線の停車駅名が書いてあるので、自分が降りる駅がいくつ目にあるのかチェック。基本的に車内アナウンスはなく、あっても駅名のみを告げる。たまに「Attention à la marche en descendant de train [アタンスィオン・ア・ラ・マルシュ・アン・デサンダン・ドゥ・トラン]」と、電車から降りるときの段差に注意をうながす丁寧な電車もある。

【 Correspondance 】[コレスポンダンス] (*f.*)
乗り換え

電車を降り、乗り換えするならば Correspondance の標識を目指す。自分の乗り換えるべき路線番号が書いてあることを確認し、またひたすらその番号と行きたい方向の駅名の標識をたどる。

【 Sortie 】 [ソルティ] (*f.*)
出口

電車を降り、そのまま外へ出るのならば Sortie の標識を目指す。出る道路の名前が書いてあるので、それを参考に。どこから出ていいのか分からなければ、案内所 (Information [アンフォルマスィオン] (*f.*)) または切符の販売所 (Vente [ヴァント] (*f.*)) の方へ出ると、出口付近の地図 (Plan du quartier [プラン・デュ・カルティエ] (*m.*)) がある。

【 Passage interdit 】
[パサージュ・アンテルディ] (*m.*)

通行禁止

メトロ内の迷路のような通路には一方通行の場所もあり、こんな標識を見つけたらこちら側からの通り抜けはダメ。Accès interdit [アクセ・アンテルディ] (*m.*) や Entrée interdite [アントレ・アンテルディト] (*f.*) は立入禁止のこと。

バスに乗りたいなら
Si tu veux prendre le bus ... [スィ・テュ・ヴ・プランドル・ル・ビュス]

メトロとは異なり、きれいだし、外の景色も存分に見られるバスも活用しなくちゃ損！ 路線によってパリの名所めぐりができちゃうバスもあり。

【 Le bus 】 [ル・ビュス]
バス

正確には l'autobus [ロートビュス] (*m.*)。市内を走る路線バスのことをいい、長距離バスや観光バスのことは l'autocar [ロートカル] (*m.*)。

【 Le plan des lignes de bus 】 [ル・プラン・デ・リーニュ・ドゥ・ビュス]
バス路線地図

メトロの地図と一緒になっていることが多いため、それを見るか、バス停の裏にも必ずついている。まず、目的地周辺を通る路線番号を探し、現在自分のいる場所付近にその路線が通っているかを見る。通っていなければ、通っている道まで歩く。

【 L'arrêt de bus 】 [ラレ・ドゥ・ビュス] (*m.*)
バス停

バスの停留所 (l'arrêt)。バス停の名前は交差する道の名前やメトロの駅名だから、わかりやすい。ちなみにこのバス停は Rue de Rome と Bd. des Batignolles の交差する場所にある。

【 Le temps d'attente 】 [ル・タン・ダタント]
待ち時間

待つ (l'attete (*f.*)) 時間 (le temps) が表示されるバス停もある。min は la minute [ラ・ミニュト] (分) の略。

Rome - Batignolles

30
Trocadéro
BUS

Rome - Batignolles

Temps d'attente
min
min
Destination
Ligne
30

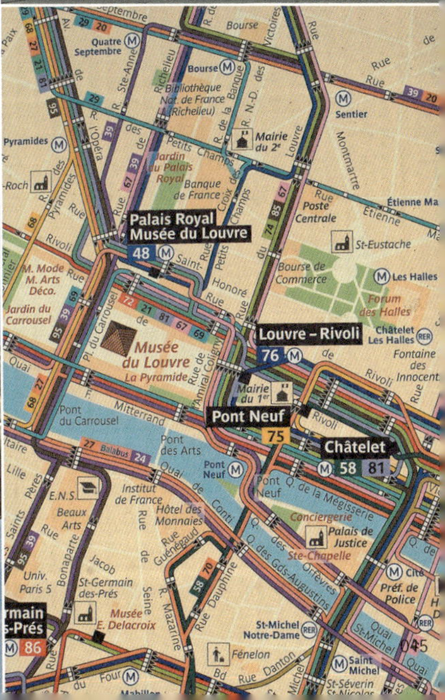
Quatre Septembre
Bourse
Bibliothèque Nat. de France (Richelieu)
Sentier
Pyramides
Mairie du 2e
Jardin du Palais Royal
Banque de France
Poste Centrale
Étienne Marcel
Palais Royal Musée du Louvre
48
St-Eustache
Bourse de Commerce
Les Halles
M. Mode M. Arts Déco.
Jardin du Carrousel
Forum des Halles
Louvre - Rivoli
76
Châtelet Les Halles
Musée du Louvre
La Pyramide
Fontaine des Innocents
Mairie du 1er
Pont Neuf
75
Pont du Carrousel
Châtelet
58
81
Pont des Arts
Balabus
Institut de France
Hôtel des Monnaies
Q. de la Mégisserie
Conciergerie
Palais de Justice
Ste-Chapelle
E.N.S. Beaux Arts
Univ. Paris 5
St-Germain des-Prés
Musée E. Delacroix
Cité
Préf. de Police
St-Michel Notre-Dame
Fénelon
Saint Michel
St-Séverin
Germain des-Prés
86
Mabillon

バス停で
A l'arrêt de bus [ア・ラレ・ドゥ・ビュス]

自分の乗りたい路線番号のバス停が見つかったら、バス停内にあるさらに詳細な路線図でその路線が通る道と停車場所を確認。曜日によって運行しない路線もあるから、時刻表もチェック。

Ⓐ Le numéro de la ligne [ル・ニュメロ・ドゥ・ラ・リーニュ]
路線番号

Ⓑ La destination [ラ・デスティナスィオン]
行き先

Ⓒ Les horaires [レ・ゾレール] (m.)
時刻表

ヴァカンス時期の7、8月はバスの運行間隔が微妙に変化する。

Ⓓ De septembre à juin [ドゥ・セプタンブル・ア・ジュアン]
9月から6月まで (→P.048)

Ⓔ Les intervalles prévus entre ... et ...
[レ・ザンテルヴァル・プレヴュ・アントル・〜・エ・〜] (m.)
〜と〜の間の運行間隔

entre A et B で「AとBの間」。
entre 6h30 et 7h15 は、「6時30分と7時15分の間」(時間表現は→P.125)。

Ⓕ Vous êtes ici [ヴゼトゥ・イスィ]
現在地

vous êtes ici (あなたはココ) と記されたポイントが今いる場所。メトロ同様、車内アナウンスはないから、自分がいくつ目のバス停で降りるのか数えておくと安心。バス内にも同じ地図がある。

Ⓖ Lundi à vendredi [ランディ・ア・ヴァンドルディ]
月曜日から金曜日 (→P.049)

正式には du lundi au vendredi。de A à B で「AからBまで」となる。

C	De septembre à juin		D dimanche et fériés	au mois de juillet		dimanche et fériés	au mois d'août		dimanche et fériés	Tarification K
intervalles prévus entre	E lundi à vendredi	samedi		F lundi à vendredi	G samedi		lundi à vendredi	samedi		1 billet pour un trajet sans correspondance L
6h30 et 7h15	10'	14'		12'	14'		13'	15'		
7h15 et 9h00	7'	12'					8'			
9h00 et 12h00	8'	11'	arrêt non desservi H	9'	11'	arrêt non desservi	9'	11'	arrêt non desservi	
12h00 et 14h00							11'			
14h00 et 18h30	7'	8'		7'	8'		10'	10'		
18h30 et 19h30	9'	10'		9'	10'		11'	13'		
19h30 et 20h30	13'	13'		12'	13'		12'	14'		
premier passage I	06h43		arrêt non desservi	06h43		arrêt non desservi	06h43		arrêt non desservi	
dernier passage J	20h46		arrêt non desservi	20h46		arrêt non desservi	20h46		arrêt non desservi	

Service clientèle de la ligne 30 : 01 58 76 16 16 du lundi au vendredi de 8h30 à 17h00 sauf jours fériés

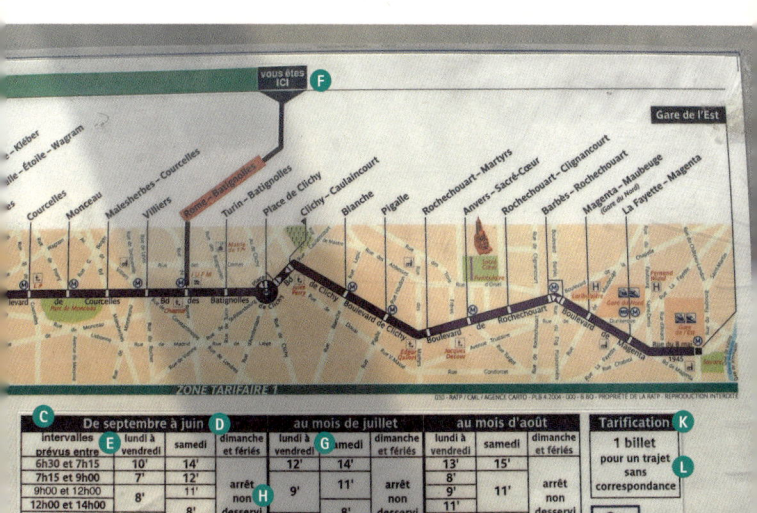

H L'arrêt non desservi [ラレ・ノン・デセルヴィ]
運休

I Le premier passage [ル・プルミエ・パサージュ]
最初の通行(始発バス)

J Le dernier passage [ル・デルニエ・パサージュ]
最後の通行(最終バス)

K La tarification [ラ・タリフィカスィオン]
料金の決定

L 1 billet pour un trajet sans correspondance
[アン・ビィエ・プール・アン・トラジュ・サン・コレスポンダンス]
乗り換えなしで1回の乗車につき1枚の切符

バス停で

【 Le mois 】 [ル・モワ]
(暦の)月

Janvier [ジャンヴィエ] (*m.*)
1月

Février [フェヴリエ] (*m.*)
2月

Mars [マルス] (*m.*)
3月

Avril [アヴリル] (*m.*)
4月

Mai [メ] (*m.*)
5月

Juin [ジュアン] (*m.*)
6月

Juillet [ジュイエ] (*m.*)
7月

Août [ウト] (*m.*)
8月

Septembre [セプタンブル] (*m.*)
9月

Octobre [オクトーブル] (*m.*)
10月

Novembre [ノーヴァンブル] (*m.*)
11月

Décembre [デサンブル] (*m.*)
12月

月の表現は基本的に au mois de ... (〜の月) をつける。

Je pars en vacances au mois d'août.
[ジュ・パル・アン・ヴァカンス・オ・モワ・ドゥト]
私は8月にヴァカンスに出かける。

【 La semaine 】 [ラ・スメーヌ]
週

Lundi [ランディ] (*m.*)
月曜日

Mardi [マルディ] (*m.*)
火曜日

Mercredi [メルクルディ] (*m.*)
水曜日

Jeudi [ジュディ] (*m.*)
木曜日

Vendredi [ヴァンドルディ] (*m.*)
金曜日

Samedi [サムディ] (*m.*)
土曜日

Dimanche [ディマンシュ] (*m.*)
日曜日

Le jour férié [ル・ジュール・フェリエ]
祝日

今日が何曜日か聞くときは、

Quel jour sommes-nous?
[ケル・ジュール・ソム・ヌ]

Nous sommes samedi.
[ヌ・ソム・サムディ]
土曜日です。

今日が何日か聞くときは、

Le combien sommes-nous?
[ル・コンビヤン・ソム・ヌ]

Nous sommes le 14 juillet.
[ヌ・ソム・ル・カトルズ・ジュイエ]
7月14日（フランスの革命記念日）です。

バスがどこを通るか聞く
Demander par où passe ce bus. ［ドゥマンデ・パル・ウ・パス・ス・ビュス］

その路線番号のバスが本当に行きたい場所に連れて行ってくれるのか、不安ならば運転手さんに聞いてみよう。

Moi
S'il vous plaît, monsieur. ［シル・ヴ・プレ、ムスィユー］
すみません。

Vous allez à la place Saint-Germain-des-Prés?
［ヴザレ・ア・ラ・プラス・サン・ジェルマン・デ・プレ］
サン・ジェルマン・デ・プレ広場に行きますか？

Un chauffeur
Non, il faut prendre le numéro 39.
［ノン、イル・フォ・プランドル・ル・ニュメロ・トラント・ヌフ］
いいや、39番線にお乗りなさい。

Moi
Où se trouve cet arrêt de bus? ［ウ・ス・トルヴ・セタレ・ドゥ・ビュス］
そのバス停はどこにありますか？

Un chauffeur
En face de la gare Saint-Lazare.
［アン・ファス・ドゥ・ラ・ガール・サン・ラザール］
サン・ラザール駅の向かいにありますよ。

Moi
D'accord. ［ダコール］
OK。

Je vous remercie, monsieur. ［ジュ・ヴ・ルメルスィ、ムスィユー］
ありがとうございます。

【 Un chauffeur 】 [アン・ショフール]
運転手

バスやタクシー、お抱えの運転手のこともこう呼ぶ。

【 Vous allez à + 場所 ? 】 [ヴザレ・ア・〜]
〜に行きますか？

運転手さんに聞くのだから、「あなたは〜に行きますか？」の言い方でOK。パリジャンをつかまえて聞くならば、

Ce bus va au jardin du Luxembourg?
[ス・ビュス・ヴァ・オ・ジャルダン・デュ・リュクサンブール]

このバスはリュクサンブール公園に行きますか？

【 Il faut + 不定詞 . 】 [イル・フォ・〜]
〜しなければいけない。

Vous devez + 不定詞 [ヴ・ドゥヴェ・〜] と言っても同じこと。

Vous devez prendre le numéro 120.
[ヴ・ドゥヴェ・プランドル・ル・ニュメロ・サン・ヴァン]

120番線にお乗りなさい。

【 Où se trouve ...? 】 [ウ・ス・トルヴ・〜]
〜はどこにありますか？

se trouverは「ある、いる」という意味。どこにあるかを聞くには、Où est ...? [ウ・エ・〜] と言っても。

Où sont les toilettes? [ウ・ソン・レ・トワレット]

トイレはどこにありますか？

バスに乗る時は、運転手さんにも「Bonjour.」とあいさつするのが基本。切符を買うならば、メトロ同様に「Un ticket, s'il vous plaît. (→P.028)」と運転手さんから買う。切符は入り口の刻印機 (le composteur [ル・コンポストゥール]) に差し入れて刻印すること。これまたメトロ同様、検札官がたまに乗ってきて切符をチェックすることもあるため、ご用心。

バスを降りる
Descendre du bus. [デサンドル・デュ・ビュス]

バスに乗ったはいいが、降りる場所が分からない。そんな時は再び運転手さんか、他の乗客に助けを求めよう。

Moi
Pardon, madame. [パルドン、マダム]
すいません。

Où dois-je descendre pour aller à la mairie du 4e arrondissement?
[ウ・ドワ・ジュ・デサンドル・プール・アレ・ア・ラ・メリー・デュ・カトリィエム・アロンディスマン]
4区の区役所に行くにはどこで降りるべきですか？

Une voyageuse
C'est au prochain arrêt. [セト・プロシャン・ナレ]
次の停留所ですよ。

Moi
Oh la la, j'ai failli le rater. [オ・ラ・ラ、ジェ・ファイィ・ル・ラテ]
まあ、降り損ねるところでした。

Merci beaucoup, madame. [メルスィ・ボークー、マダム]
ありがとうございます。

Vous êtes très gentille. [ヴゼトゥ・トレ・ジャンティユ]
ご親切にしてくださって。

【 Un voyageur 】 [アン・ヴォヤジュール]
乗客

電車やバスの乗客のことで、女性形は une voyageuse [ユンヌ・ヴォヤジューズ]。飛行機の乗客のことは、passager / passagère [パサジェ／パサジェール] と呼ぶ。

【 Où dois-je descendre pour aller à ＋ 場所 ？ 】
[ウ・ドワ・ジュ・デサンドル・プール・アレ・ア・〜]
〜に行くのにどこで降りるべきか？

Dites-moi quand on arrive près de la place des Vosges. [ディトゥ・モワ・カン・トン・ナリヴ・プレ・ドゥ・ラ・プラス・デ・ヴォージュ]
ヴォージュ広場の近くに着いたら教えてください。

と頼んでもいい。

【 C'est au prochain arrêt. 】 [セト・プロシャン・ナレ]
次の停留所ですよ。

2つ目の停留所ならば、au deuxième arrêt [オ・ドゥズィエム・アレ]。3つ目ならば、au troisième arrêt [オ・トロワズィエム・アレ]。

【 Vous êtes très gentil(le). 】 [ヴゼトゥ・トレ・ジャンティ(ユ)]
ご親切にしてくださってどうも。

直訳すると、「あなたはとても親切です」。gentil [ジャンティ]（親切な）が女性形になっているのは、マダムに向かっての言葉だから。C'est très gentil. [セ・トレ・ジャンティ] と言っても同じこと。

降りる時は赤いボタンを押して運転手さんに知らせる。運転席の上の Arrêt demandé [アレ・ドゥマンデ]（求められた停車）が点灯していれば、「次停まります」の合図。時々、降車扉を開けるのを忘れる運転手さんもいるから、そんな時は「La porte, s'il vous plait! [ラ・ポルト・シル・ヴ・プレ]（扉、お願いします！）」と叫んで開けてもらおう。

友達に出会う
Rencontrer une copine. [ランコントレ・ユンヌ・コピーヌ]

メトロから出ると、不意に誰かが声をかけてきた。

Une copine
Salut! [サリュ]
よっ！

Je suis surprise de te voir ici.
[ジュ・スュイ・スュルプリーズ・ドゥ・トゥ・ヴォワール・イスィ]
ここで会うなんてびっくりだわ。

Moi
Moi aussi. [モワ・オスィ]
私もよ。

Ça va? Qu'est-ce que tu fais là? [サヴァ、ケ・ス・ク・テュ・フェ・ラ]
元気？ そこで何しているの？

Une copine
Ça va. [サ・ヴァ]
元気よ。

J'ai un cours d'anglais à côté d'ici cet après-midi.
[ジェ・アン・クール・ダングレ・ア・コテ・ディスィ・セタプレ・ミディ]
午後、この近くで英会話の教室があるんだけど。

Comme il fait beau, j'aimerais prendre un bain de soleil avant mon cours.
[コム・イル・フェ・ボー、ジェムレ・プランドル・アン・バン・ドゥ・ソレイユ・アヴァン・モン・クール]
天気がいいから、授業の前に日光浴したいと思ってね。

> Moi

Ah bon? [ア・ボン]
本当に？

Moi, je vais acheter quelque chose au marché pour aller pique-niquer au parc.
[モワ、ジュ・ヴェ・アシュテ・ケルク・ショーズ・オ・マルシェ・プール・アレ・ピク・ニケ・オ・パルク]
私は公園でピクニックするために市場で何か買うつもりだけど。

Tu viens avec moi? [テュ・ヴィヤン・アヴェク・モワ]
一緒に来る？

> Une copine

Evidemment. C'est sympa comme idée.
[エヴィダマン。セ・サンパ・コム・イデ]
もちろん。いいね、そのアイディア。

Allons déjeuner sur l'herbe!
[アロン・デジュネ・スュル・レルブ]
じゃあ、ピクニックしよう！

友達に出会う

【 Une copine 】 [ユンヌ・コピーヌ]
女友達

男友達なら un copain [アン・コパン] で ami(e) [アミ] とも言う。mon copain [モン・コパン]、ma copine [マ・コピーヌ] と所有形容詞をつけると、"恋人"の意味に。

【 Salut! 】 [サリュ]
よっ！

Bonjour のくだけた言い方で、別れる時にも使える（→ P.102）。たいていこの後に"チュッチュッ"とビズをし合うのだけれど、キスをするというよりほっぺをくっつけて口で音を出す感じ。出身地や人によってビズの回数は1〜4回とまちまちだから、とりあえずされるがまま相手に任せる。

【 Je suis surpris(e) de 不定詞 . 】
[ジュ・スュイ・スュルプリ(ーズ)・ドゥ・〜]
〜してびっくりする。

Je suis content(e) de te voir. [ジュ・スュイ・コンタン(ト)・ドゥ・トゥ・ヴォワール] や、Ça me fait plaisir de te voir. [サ・ム・フェ・プレズィル・ドゥ・トゥ・ヴォワール] と「会えてうれしいよ」と言っても。

【 Ça va? 】 [サ・ヴァ]
元気？

Comment allez-vous? (→ P.024) より軽い言い方で、人に会ったらとにかくこう言っておけば、話し出すきっかけにもなる。他に「大丈夫？」とか、「これでいい？」(→ P.076) とか、その返事にも、いろんな場面で使う言葉。

【 Qu'est-ce que tu fais là? 】 [ケ・ス・ク・テュ・フェ・ラ]
そこで何しているの？

仲の良い友達同士でもっとくだけて言うなら、「Qu'est-ce que tu fous là? [ケ・ス・ク・テュ・フ・ラ] (そこで何やってんの？)」。

【 Tu viens avec moi? 】 [テュ・ヴィヤン・アヴェク・モワ]
一緒に来る？

実際には"マルシェに一緒に行く"のだけれど、自分が行く場所に相手が"来る"ということになる。どっかに行こうと誘う時の決まり文句。

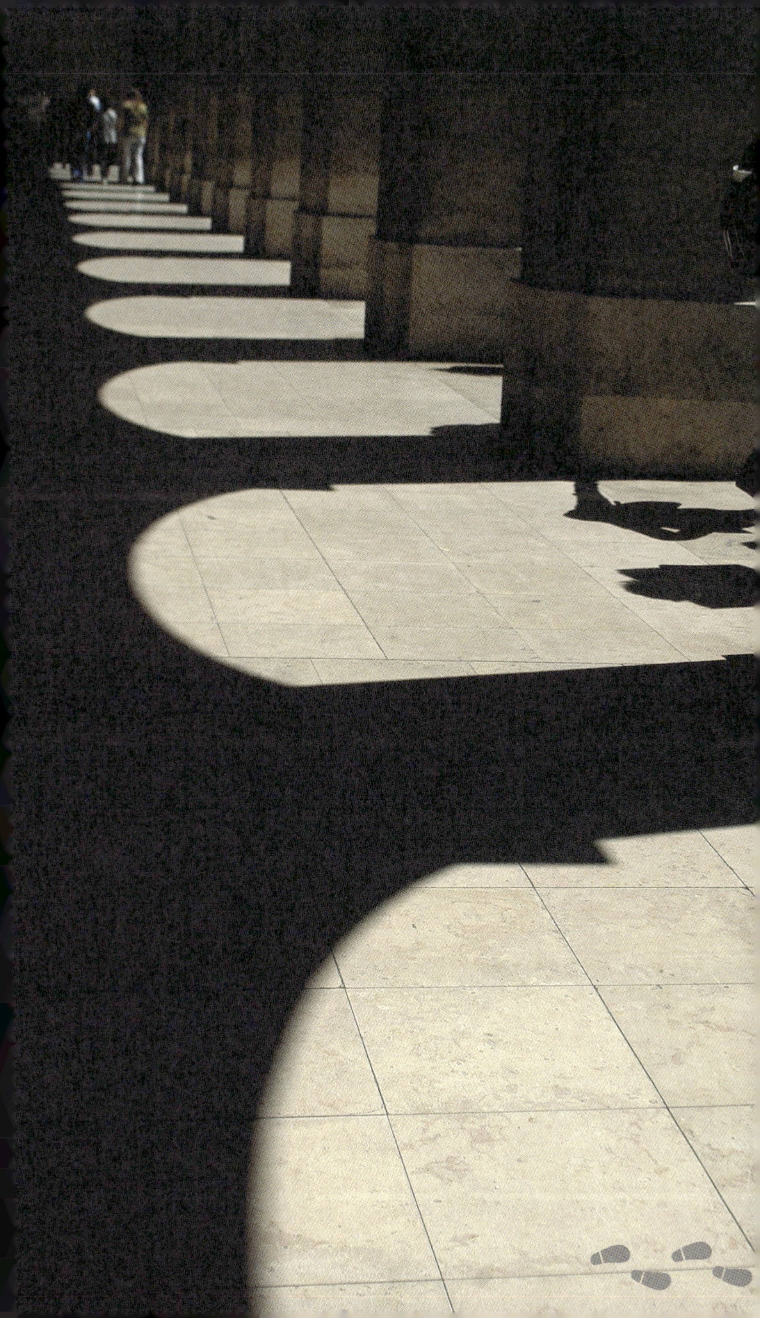

Le marché est très vivant,
surtout quand il fait beau.
［ル・マルシェ・エ・トレ・ヴィヴァン、スュルトゥー・カン・ティル・フェ・ボー］

Il y a beaucoup de gens,
les voix des vendeurs,
les couleurs des légumes et l'odeur des fruits ...
［イリヤ・ボーク―・ドゥ・ジャン、レ・ヴォワ・デ・ヴァンドゥール、
レ・クールール・デ・レギョーム・エ・ロドゥール・デ・フリュイ］

Alors, qu'est-ce qu'on achète?
［アロール、ケ・ス・コン・ナシェット］

市場で何を買う？

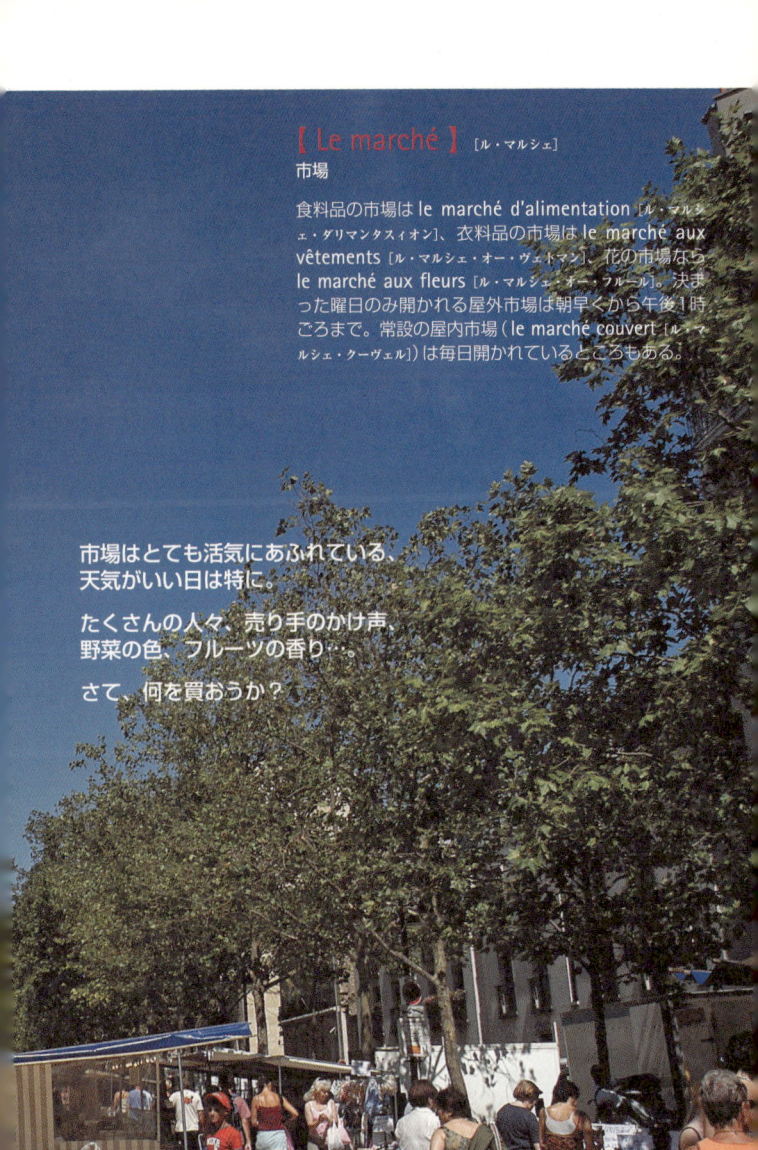

【 Le marché 】 [ル・マルシェ]
市場

食料品の市場は le marché d'alimentation [ル・マルシェ・ダリマンタスィオン]、衣料品の市場は le marché aux vêtements [ル・マルシェ・オー・ヴェトマン]、花の市場なら le marché aux fleurs [ル・マルシェ・オー・フルール]。決まった曜日のみ開かれる屋外市場は朝早くから午後1時ごろまで。常設の屋内市場（le marché couvert [ル・マルシェ・クーヴェル]）は毎日開かれているところもある。

市場はとても活気にあふれている、
天気がいい日は特に。

たくさんの人々、売り手のかけ声、
野菜の色、フルーツの香り…。

さて、何を買おうか？

市場で買い物をする
Faire des courses au marché. [フェル・デ・クルス・オ・マルシェ]

まずはフルーツから買い始めますか？

Un primeur
Que désirez-vous, mademoiselle? [ク・デズィレ・ヴ、マドモワゼル]
何にしましょうか？

Moi
Quatre pêches et deux cents grammes de reine-claudes, s'il vous plaît.
[カトル・ペシュ・エ・ドゥー・サン・グラム・ドゥ・レーヌ・クロード、シル・ヴ・プレ]

桃4つとレーヌ・クロード200gください。

C'est pour manger tout de suite, elles sont bien mûres?
[セ・プール・マンジェ・トゥー・ドゥ・スュイット、エル・ソン・ビヤン・ミュール]

すぐに食べるのだけど、よく熟れている？

Un primeur
Oui, et très sucrées. Vous voulez goûter?
[ウィ、エ・トレ・スュクレ。ヴ・ヴレ・グテ]

あぁ、そしてとっても甘いよ。味見してみますか？

Moi
Humm, très bon! [ウーム、トレ・ボン]
ん〜、とってもおいしい！

Un primeur
Et avec ceci? [エ・アヴェク・ススィ]
他には？

Moi
Ce sera tout. [ス・スラ・トゥー]
それだけです。

Un primeur
Deux euros quinze, s'il vous plaît.
[ドゥーズユーロ・カーンズ、シル・ヴ・プレ]

2ユーロ15セント（サンチーム）です。

【 Un primeur 】 [アン・プリムール]
八百屋さん

はしりの野菜や果物の意味(この場合は(f.))もあり、または un marchand de primeurs [アン・マルシャン・ドゥ・プリムール] と言う。市場で野菜を売る人々は、maraîcher / maraîchère [マレシェ/マレシェール] (野菜栽培者) とも。

【 Que désirez-vous? 】 [ク・デズィレ・ヴ]
何にしましょうか?

または Qu'est-ce que vous désirez [ケ・ス・ク・ヴ・デズィレ]。お店に入った時などにも言われ、「いらっしゃいませ」の意味合いも。

【 C'est pour manger + 時 . 】 [セ・プール・マンジェ・〜]
〜に食べる用です。

フルーツ屋さんやチーズ屋さんでは、今晩に (ce soir [ス・ソワール]) だったり、明日に (demain [ドゥマン]) だったり、いつ食べたいのかを伝えると、さすがプロ!ちゃんと食べごろのものを出してくれる。また、向こうから Vous mangez quand? [ヴ・マンジェ・カン] (いつ食べますか?) と聞いてくれることも。

【 Vous voulez goûter? 】 [ヴ・ヴレ・グテ]
味見してみる?

お店によっては味見用に小さく切ったものが置いてあったりする。そんな時は、黙って味見するのではなく、「Je peux goûter? [ジェ・プ・グテ] (味見していい?)」と一言断ると、その商品の説明をしてくれたり、他のものも味見させてくれるかもしれない。他のお客さんが味見しているのに便乗する手もあり。

【 Et avec ceci? 】 [エ・アヴェク・ススィ]
他には?

買い物する時に言われる決まり文句。「Ce sera tout? [ス・スラ・トゥー] (それで全部?)」と聞かれることも。

量を決める
Choisir la quantité. [ショワズィル・ラ・カンティテ]

市場は基本的に量り売り。ということは、1個からでも買うことができるため、ピクニックなど少しだけ欲しい時でも最適！

注文は名詞の前に個数をつけるだけ。

男性名詞なら、un [アン]。

Un avocat. [アン・ナヴォカ]

アボカド1つ。

女性名詞なら、une [ユヌ]。

Une orange. [ユン・ノランジュ]

オレンジ1つ。

2個以上なら男性名詞も女性名詞も、

deux、trois、quatre … （数字表現は→P.011）。

グラム単位で注文したいならば、"数量 + de + 無冠詞名詞"で注文。

Quatre cents grammes de pommes. [カトル・サン・グラム・ドゥ・ポム]

りんご400g。

100g	cent grammes	[サン・グラム]
200g	deux cents grammes	[ドゥー・サン・グラム]
300g	trois cents grammes	[トロワ・サン・グラム]
⋮		
500g	cinq cents grammes [サンク・サン・グラム]、 または une livre [ユンヌ・リーヴル]	
⋮		
1kg	un kilo	[アン・キロ]
2kg	deux kilos	[ドゥー・キロ]

値段の表記は通常1kg単位。モノによっては丸々1個でしか売れないものや、束になって売られているものもある。それらは値札をチェックしよう。

Une pièce [ユンヌ・ピエス]
1個

レタスやメロンなど、切り売りできないものは1個の値段が書いてある。下の値札は、la pièce（1個につき）1€のところ 2 pour（2個につき）1.50€で、2個買えば50セント（サンチーム）お得だと言うわけ。

他にも、

Une botte [ユンヌ・ボット]
1束

Un paquet [アン・パケ]
1パック

Une boîte [ユンヌ・ボワット]
1箱

上記のようにまとめて売られているものならば、

Une botte d'ail. [ユンヌ・ボット・ダイユ]
にんにく1束。

のように注文すればOK。

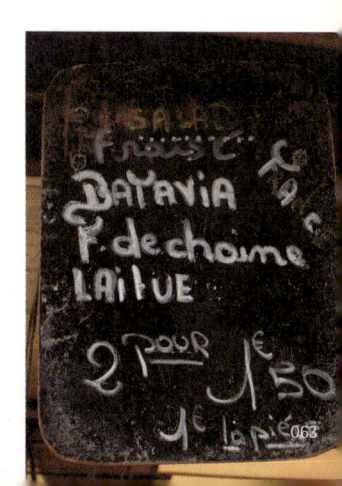

量を決める

チーズや肉など大きな塊のものは、好みの大きさに切ってもらわなくてはいけない。もちろんグラムで注文してもいいのだけれど、グラム数がいまいち見当がつかないなら、適当に頼んでみる。

ピクニック用に生ハムを数枚だけ欲しいなら、
Deux tranches de jambon cru.
[ドゥー・トランシュ・ドゥ・ジャンボン・クリュ]
生ハムの薄切り2枚。

チーズをチョコっとだけ欲しいなら、
Un petit morceau de Comté. [アン・プティ・モルソー・ドゥ・コンテ]
コンテチーズの小さな塊一つ。

すると、お店の人はナイフを塊にあてて、
Comme ceci? [コム・ススィ]
このぐらい？

と聞いてくる。

そのぐらいでよければ、
Oui, c'est bien. [ウィ、セ・ビヤン]
それで結構です。

もっと小さく切って欲しいなら、
Plus petit, s'il vous plaît. [プリュ・プティ、シル・ヴ・プレ]
もっと小さくお願いします。

もっと大きく切って欲しいなら、
Plus grand, s'il vous plaît. [プリュ・グラン、シル・ヴ・プレ]
もっと大きくお願いします。

さて、買い物の仕方が分かったら、
市場にどんなものがあるのか覗いてみますか？

八百屋さん
Le magasin de primeurs [ル・マガザン・ドゥ・プリムール]

Une aubergine
[ユン・ノーベルジーヌ]
ナス

日本のナスの2、3倍の大きさにびっくり。

Une carotte
[ユンヌ・カロット]
にんじん

葉つき、泥つきのものもよく見かける。

Un brocoli
[アン・ブロコリ]
ブロッコリー

カリフラワーは un chou-fleur [アン・シュー・フルール]。

Des champignons de Paris
[デ・シャンピニオン・ドゥ・パリ] (*m.*)
マッシュルーム

キノコの総称も le champignon。

Une courgette
[ユンヌ・クルジェット]
ズッキーニ

フランスではもっともポピュラーな野菜。

Un poivron
[アン・ポワヴロン]
パプリカ

他に緑、黄色、オレンジなど、色とりどり。

Un poireau
[アン・ポワロー]
ポロねぎ

太くて甘〜い。緑の葉の部分はブーケガルニに。

Une tomate
[ユンヌ・トマト]
トマト

枝つきやミニトマトなど、味わいさまざま。

Une laitue
[ユンヌ・レテュ]
レタス

サラダ用の葉もの野菜は種類豊富に揃う。

Des haricots verts
[デ・アリコ・ヴェール] (*m.*)
さやいんげん

黄色いdes haricots jaunes [デ・アリコ・ジョーヌ] もある。

Un potiron
[アン・ポティロン]
西洋かぼちゃ

日本かぼちゃより巨大で水っぽい。

Une pomme de terre
[ユンヌ・ポム・ドゥ・テル]
じゃがいも

子供から大人までフランスで人気ナンバー1野菜。

067

肉屋さん
La boucherie [ラ・ブーシュリ]

Du porc
[デュ・ポール]
豚肉

du rôti de porc [デュ・ロティ・ドゥ・ポール] はローストポーク用肉。

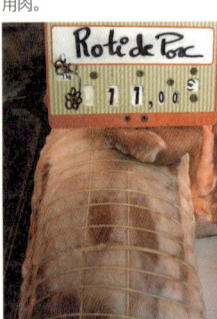

Une saucisse
[ユンヌ・ソースィス]
ソーセージ

Une merguez [ユンヌ・メルゲーズ] は唐辛子入りソーセージ。

Une paupiette
[ユンヌ・ポピエット]
詰め物をした肉

子牛肉であることが多く、料理名にも使われる。

Du poulet
[デュ・プーレ]
鶏肉

頭つきの1羽丸ごと売りが基本。

Du veau
[デュ・ヴォー]
子牛肉

de la noix de veau [ドゥ・ラ・ノワ・ドゥ・ヴォー] は子牛のもも肉。

De l'agneau
[ドゥ・ラニョー] (m.)
子羊肉

de l'épaule d'agneau [ドゥ・レポール・ダニョー] (f.) は子羊の肩肉。

Un boudin blanc
[アン・ブーダン・ブラン]
白ブーダンソーセージ

白身の肉や魚を詰めた腸詰。

Du bœuf
[デュ・ブフ]
牛肉

des basses côtes [デ・バース・コートゥ] (f.) は肩ロース。

De la langue
[ドゥ・ラ・ラング]
舌肉

de la langue de veau [ドゥ・ラ・ラング・ドゥ・ヴォー] は子牛の舌肉。

Du lapin
[デュ・ラパン]
ウサギ肉

ウサギ肉はフランス料理の定番。

De la poitrine fraîche
[ドゥ・ラ・ポワトリーヌ・フレッシュ]
バラ肉

de la poitrine fumée [ドゥ・ラ・ポワトリーヌ・ヒュメ] ならベーコン。

De la canette
[ドゥ・ラ・カネット]
雌カモ肉

du canard [デュ・カナール] ならば、生後2〜4ヵ月のカモ肉。

魚屋さん
La poissonnerie [ラ・ポワソヌリ]

Un rouget-barbet
[アン・ルージェ・バルベ]
ひめじ

いとよりなど、赤い魚の総称も le rouget。

Des moules
[デ・ムール] (*f.*)
ムール貝

山盛りムール貝にはフライドポテトがお決まり。

Une limande-sole
[ユンヌ・リマンドゥ・ソル]
かれい

ただの une sole ならば舌平目のこと。

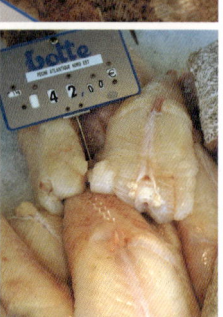

Un poulpe
[アン・プルプ]
タコ

un poulpe congelé [アン・プルプ・コンジュレ] は冷凍タコ。

Des crevettes
[デ・クルヴェット] (*f.*)
小えび

写真は大きなえびで、une crevette royale [ユンヌ・クルヴェット・ロワイヤル]。

Une lotte
[ユンヌ・ロット]
アンコウ

市場で年中売られているけれど、値段は高め。

Un maquereau
[アン・マクロー]
サバ

フランスでもサバは庶民の味方。

Du thon
[デュ・トン]
マグロ

ツナのことも同様に thon と言う。

Du saumon
[デュ・ソーモン]
サケ

du saumon fumé [デュ・ソーモン・フュメ] はスモークサーモン。

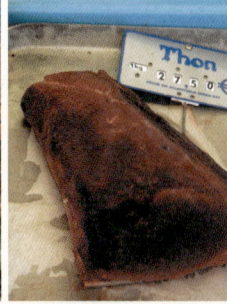

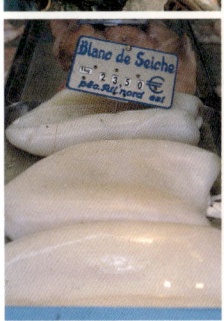

Une seiche
[ユンヌ・セーシュ]
紋甲いか

やりいかはun calamar [アン・カラマール]。

Des huîtres
[デ・ズュイトル] (*f.*)
牡蠣

これはフランス人も生で大量に食べる。

Un pageot
[アン・パジョ]
鯛

いろんな種類があり、une daurade [ユンヌ・ドラード] が一般的。

乳製品屋さん
La crémerie ［ラ・クレムリ］

Du Reblochon
［デュ・ルブロション］
ルブロション

サヴォワ地方の牛乳（au lait de vache［オ・レ・ドゥ・ヴァシュ］）のチーズ。

Du fromage de chèvre
［デュ・フロマージュ・ドゥ・シェーヴル］
山羊チーズ

写真は栗の葉の上で熟成させた山羊チーズ。

Du Roquefort
［デュ・ロクフォール］
ロクフォール

ルエルグ地方の羊乳の青かびチーズ（du fromage persillé［デュ・フロマージュ・ペルスィエ］）。

Un œuf
［アン・ヌフ］
卵

形も色も不揃いなのが農家の（fermier［フェルミエ］）モノっぽい。

Du Coulommiers
［デュ・クロミエ］
クロミエ

ブリ地方の生乳（au lait cru［オ・レ・クリュ］）を使った白かびチーズ。

Du Pont l'Evêque
［デュ・ポン・レヴェック］
ポン・レヴェック

ノルマンディ地方のウォッシュタイプのチーズ。

Du Rocamadour
[デュ・ロカマドゥール]
ロカマドゥール

ケルシー地方の小さな円形の山羊チーズ。

Du Comté
[デュ・コンテ]
コンテ

コンテ地方の牛乳を使ったハードタイプのチーズ。

Du beurre
[デュ・ブール]
バター

de baratte [ドゥ・バラトゥ] とは、昔ながらの攪拌器で作られたバター。

Des yaourts
[デ・ヤウルト] (*m.*)
ヨーグルト

nature [ナチュール] はプレーン、aux fruits [オー・フリュイ] はフルーツ入り。

De la Mimolette
[ドゥ・ラ・ミモレット]
ミモレット

フランドル地方のアナトー色素を使ったオレンジ色のチーズ。

Du fromage de brebis
[デュ・フロマージュ・ドゥ・ブルビ]
羊乳のチーズ

バスク地方のチーズが代表的。

果物屋さん
La fruiterie [ラ・フリュイトゥリ]

Des fraises
[デ・フレーズ] (f.)
いちご

日本同様、産地によって値段もマチマチ。

Des reine-claudes
[デ・レーヌ・クロード] (f.)
レーヌ・クロード

すももの一種で、フランスで人気のフルーツ。

Un ananas
[アン・ナナナス]
パイナップル

ドライフルーツ屋ではドライパイナップル（des ananas secs [デ・ザナナス・セック]）も。

Une pêche
[ユヌ・ペッシュ]
もも

白桃は une pêche blanche [ユヌ・ペッシュ・ブランシュ]。

Un melon
[アン・ムロン]
メロン

果肉がオレンジ色のものが一般的で、安い！

Une pomme
[ユヌ・ポム]
りんご

じゃがいも（→P.067）もpommeと略すので注意。

Un abricot
[アン・ナブリコ]
あんず

生のままや、タルト、コンポートにも大活躍。

Une figue
[ユンヌ・フィグ]
いちじく

皮が緑色のune figue blanche [ユンヌ・フィグ・ブランシュ] もある。

Des groseilles
[デ・グロゼーユ] (*f.*)
スグリ

黒スグリはdes cassis [デ・カシス] (*m.*)。

Un citron vert
[アン・シトロン・ヴェール]
ライム

またはune lime [ユンヌ・リーム]。レモンはただの un citron。

Des cerises
[デ・スリーズ] (*f.*)
さくらんぼ

旬の時期はまさに山盛りで売られている。

Une poire
[ユンヌ・ポワール]
洋ナシ

日本のナシよりも水分が少なく、果肉が詰まっている。

お総菜屋さんで買う
Acheter chez le traiteur. [アシュテ・シェ・ル・トレトゥール]

チーズもデザートのフルーツも買ったし、次はメインを手に入れよう。

Moi
S'il vous plaît, monsieur. [シル・ヴ・プレ、ムスィユー]
すいません。

Qu'est-ce que c'est? [ケ・ス・ク・セ]
これはなんですか？

Un traiteur
C'est une langue de bœuf au vin.
[セテュン・ラング・ドゥ・ブフ・オ・ヴァン]
牛タンのワイン煮だよ。

Moi
J'en voudrais pour une personne, s'il vous plaît.
[ジャン・ヴドレ・プール・ユンヌ・ペルソンヌ、シル・ヴ・プレ]
それをひとり分お願いします。

Un traiteur
Ça va, comme ça? [サ・ヴァ、コム・サ]
このぐらいでいい？

Moi
Un peu plus, s'il vous plaît.
[アン・プ・プリュス、シル・ヴ・プレ]
もう少し多めにお願いします。

Pourriez-vous le réchauffer?
[プリエ・ヴ・ル・レショフェ]
温め直していただけますか？

Un traiteur
Bien sûr. [ビヤン・シュール]
もちろん。

Vous voulez une fourchette?
[ヴ・ヴレ・ユンヌ・フルシェット]
フォークをつけますか？

Moi
Oui, et une autre pour mon amie, s'il vous plaît.
[ウィ、エ・ユン・ノートル・プール・モナミ、シル・ヴ・プレ]
ええ、友達のためにもうひとつお願いします。

Je voudrais aussi deux bouteilles d'eau.
[ジュ・ヴドレ・オスィ・ドゥー・ブテイユ・ドー]
水2本もください。

Un traiteur
Ça fait cinq euros quatre-vingt-dix.
[サ・フェ・サンクユーロ・カトル・ヴァン・ディス]
5ユーロ90セント（サンチーム）になります。

Moi
Merci beaucoup. [メルスィ・ボーク−]
ありがとうございます。

Un traiteur
Non, c'est moi. Au revoir. [ノン、セ・モワ。オーヴォワール]
いいえ、私こそ。さようなら。

お総菜屋さんで買う

【 Un traiteur 】 [アン・トレトゥール]
お総菜屋さん

街中の軽食屋さんでも emporter [アンポルテ] と書いてある店は、テイクアウトが可能。

【 Qu'est-ce que c'est? 】 [ケ・ス・ク・セ]
これはなんですか？

返事が聞き取れなくても、店員さんとコミュニケーションをとる第一歩だから、とりあえず尋ねてみる価値あり。パイ生地に包まれていたり、中のものが見えない時などは、

Qu'est-ce qu'il y a dedans. [ケ・ス・キリヤ・ドゥダン]
中に何が入っていますか？

【 Pour une personne 】 [プール・ユンヌ・ペルソンヌ]
ひとり分

二人分ならば、pour deux personnes [プール・ドゥー・ペルソンヌ]。また pour un petit (grand) paquet [プール・アン・プティ（グラン）・パケ]（小さな（大きな）パック分）とパックの大きさを選んでも。もちろんグラム数（→P.062）で注文することもできる。

【 Un peu plus 】 [アン・プ・プリュス]
もう少し多めに

店員さんはパックにお総菜を詰めて見せてくれるから、好みの量を伝えよう。もうちょっと少なくして欲しいなら、un peu moins [アン・プ・モワン]。

【 Pourriez-vous le réchauffer? 】 [プリエ・ヴ・ル・レショフェ]
温め直していただけますか？

Pouvez-vous ...? [プヴェ・ヴ・〜] を条件法にするとより丁寧な言い方になる。これを使っていろんなことを頼むことが可能。

Pourriez-vous ajouter plus de viande?
[プリエ・ヴ・アジュテ・プリュス・ドゥ・ヴィヤンド]

お肉をもっと加えていただけますか？

【 Ça fait + 値段 . 】 [サ・フェ・〜]
〜になります。

「Ça fait combien? [サ・フェ・コンビヤン]（いくらですか？）」と値段を聞いても。

- tuRé de LANGUES 19,40 €
- Mousse d'oie au Sauternes 14,60 €
- Mousse de foie Canard 15,90 €
- Champignons à Paris 21,40 €
- Tartare Tomates 9,60 €

料理を指し示す
Désigner le plat. [デズィニェ・ル・プラ]

お総菜屋さんにずらりと並ぶ料理たち。たいてい料理名が書いてあるから、それをそのまま注文すればいいのだけれど、手書きで何と書いてあるのかチンプンカンプンな時もしばしば。そんな時は指差して注文するのが一番。

【 ça 】 [サ]
これ、それ、あれ

とりあえず「ça」と言っておけば、
どこのものでも指し示すことができる。

Qu'est-ce que c'est, ça?
[ケ・ス・ク・セ、サ]

これは何ですか？

【 cela 】 [スラ]
それ

ça よりも丁寧な言い方。
奥のものを指す。

【 ceci 】 [ススィ]
これ

cela に対して、
手前のものを指す。

Donnez-moi ceci. [ドネ・モワ・ススィ]

これください。

指差しても店員さんに、

Celui-ci ou celui-là?
[スリュイ・スィ・ウ・スリュイ・ラ]
こちらですか、それともそちらですか?

と聞かれたら示されたものに対して、

Celui-ci (Celui-là), s'il vous plaît.
[スリュイ・スィ (スリュイ・ラ)、シル・ヴ・プレ]
こちら(そちら)をください。

もし店員さんが違うものを指したら、

A côté de celui-ci (celui-là).
[ア・コテ・ドゥ・スリュイ・スィ (スリュイ・ラ)]
その横。

Devant celui-ci (celui-là).
[ドゥヴァン・スリュイ・スィ (スリュイ・ラ)]
その前。

Derrière celui-ci (celui-là).
[デリエール・スリュイ・スィ (スリュイ・ラ)]
その後ろ。

Plus à gauche. [プリュス・ア・ゴーシュ]
もっと左。

Plus à droite. [プリュス・ア・ドロワット]
もっと右。

と誘導してあげよう。

見事、料理にたどり着いた時には、

C'est ça. [セ・サ]
それです。

飲み物
La boisson [ラ・ボワソン]

お総菜屋さんや、店によってはパン屋さんにも置いてある飲み物は、種類が限られる。いろいろ選べて安いスーパーの方がお得かも。ただスーパーは冷やしてない場合も。

【 une bouteille d'eau 】 [ユンヌ・ブティユ・ドー]
水のボトル

ミネラルウォーターは de l'eau minérale [ドゥ・ロー・ミネラル] だけど、これだけでも通じる。炭酸入り水は de l'eau gazeuse [ドゥ・ロー・ガズーズ]。店員さんから Plate ou gazeuse? [プラット・ウ・ガズーズ]（炭酸なし、あり？）と聞かれることも。

【 Une canette 】 [ユンヌ・カネット]
小さな瓶、缶ジュース

といっても「 une canette de ... 」とは言わず、商品名のみで注文。

Un Coca [アン・コカ]
コカコーラ

Un Orangina [アン・ノランジーナ]
炭酸入りオレンジジュース

Un Perrier [アン・ペリエ]
ペリエ

Un jus d'orange [アン・ジュ・ドランジュ]
オレンジジュース

などが、どこでも見かける代表選手。

何があるのかわからなければ、

Quelles boissons avez-vous? [ケル・ボワソン・アヴェ・ヴ]
何の飲み物がありますか？

Couscous
Fin ou moyen
3,20 €/kg

Lentilles
du Puy
5,20 €/kg

Lingots du
Nord
3,50 € le kg

ワインを買う
Acheter du vin. [アシュテ・デュ・ヴァン]

フランスごはんにはやっぱりワインも欲しい！

Moi
Bonjour, monsieur.
[ボンジュール、ムスィユー]
こんにちは。

J'ai acheté de la langue de bœuf au vin chez le traiteur d'à côté,
[ジェ・アシュテ・ドゥ・ラ・ラング・ドゥ・ブフ・オ・ヴァン・シェ・ル・トレトゥール・ダ・コテ]
隣のお総菜屋さんで牛タンのワイン煮を買ったのですが。

Pouvez-vous me conseiller un vin qui accompagne bien ce plat?
[プヴェ・ヴ・ム・コンセイエ・アン・ヴァン・キ・アコンパーニュ・ビヤン・ス・プラ]
その料理に合うワインを教えていただけますか？

Je préfère un vin léger, pour le boire à midi.
[ジュ・プレフェル・アン・ヴァン・レジェ、プール・ル・ボワール・ア・ミディ]
お昼に飲むように軽めのワインがいいんですけれど。

Un vendeur de vin
Dans ce cas, je vous recommande ce vin rouge.
[ダン・ス・カ、ジュ・ヴ・ルコマンド・ス・ヴァン・ルージュ]
それなら、この赤ワインをお勧めします。

Il est légèrement fruité, c'est bien pour un déjeuner avec de la langue.
[イレ・レジェルマン・フリュイテ、セ・ビヤン・プール・アン・デジュネ・アヴェク・ドゥ・ラ・ラング]
軽くフルーツ味があり、牛タンの昼食に合いますよ。

> Moi

D'accord. Je vais l'essayer. [ダコール。ジュ・ヴェ・レセイエ]

OK。試してみるわ。

Vous en avez en demi-bouteille?
[ヴザン・ナヴェ・アン・ドゥミ・ブテイユ]

そのハーフボトルはありますか?

> Un vendeur de vin

Oui, voilà. Deux euros soixante-dix, s'il vous plaît.
[ウィ、ヴォワラ。ドゥーズユーロ・ソワサント・ディス、シル・ヴ・プレ]

はい、どうぞ。2ユーロ70セント(サンチーム)になります。

Merci. Je vous souhaite un bon après-midi.
[メルスィ。ジュ・ヴ・スエトゥ・アン・ボン・ナプレ・ミディ]

ありがとう。よい1日をお過ごしください。

> Moi

Vous de même. [ヴ・ドゥ・メム]

あなたも。

ワインを買う

【 Un vendeur de vin 】 [アン・ヴァンドゥール・ドゥ・ヴァン]
ワインの販売員

女性形は une vendeuse [ユンヌ・ヴァンドゥーズ]。un(e) marchand(e) de vin [アン(ユンヌ)・マルシャン(ド)・ドゥ・ヴァン] とも言う。

【 Pouvez-vous me conseiller ...? 】 [プヴェ・ヴ・ム・コンセイエ・〜]
〜を私に勧めていただけませんか？

Vous pouvez me recommander ...? [ヴ・プヴェ・ム・ルコマンデ・〜] と言っても同じこと。レストランなどでも使えるフレーズ。また、

Quel vin accompagne bien ce plat?
[ケル・ヴァン・アコンパーニュ・ビヤン・ス・プラ]

どのワインがその料理に合いますか？

と尋ねても。

【 Je préfère ... 】 [ジュ・プレフェル・〜]
〜をより好む

白ワイン(le vin blanc [ル・ヴァン・ブラン])、ロゼワイン(le vin rosé [ル・ヴァン・ロゼ])、赤ワイン(le vin rouge [ル・ヴァン・ルージュ])や産地の好みがあるなら、まず言ってみよう。また味わいの好みは、軽い(léger [レジェ])のか、強い(fort [フォール])のか、甘口(doux [ドゥー])なのか、辛口(sec [セック])なのかを伝えれば、さらに自分好みのワインが見つかるはず。

【 Une demi-bouteille de vin 】 [ユンヌ・ドゥミ・ブテイユ・ドゥ・ヴァン]
ワインのハーフボトル

ピクニック用にハーフボトルを注文しているけれど、飲み干す自信があるならもちろん、フルボトル(une bouteille de vin [ユンヌ・ブテイユ・ドゥ・ヴァン])を。また、ハーフボトルだと銘柄が限られてしまうのが難点。

【 Vous de même. 】 [ヴ・ドゥ・メム]
あなたも。

Bonne journée!や Bon après-midi!と言われたら、同じ言葉を繰り返さずに、「あなたもよい1日を」と返したい。A vous aussi. (→P.135)でも同じこと。

087

パンを買う
Acheter du pain. [アシュテ・デュ・パン]

買い物の最後を締めるのは、これも必需品のパン。

Une boulangère
Au suivant! [オ・スュイヴァン]
次の方！

Moi
Avez-vous du pain aux noix? [アヴェ・ヴ・デュ・パン・オー・ノワ]
くるみパンはありますか？

Une boulangère
Non, je n'en ai plus. [ノン、ジュ・ナン・ネ・プリュ]
いいえ、もう売り切れちゃったのよ。

Si vous voulez, j'ai du pain aux céréales.
[シ・ヴ・ヴレ、ジェ・デュ・パン・オー・セレアル]
よろしければ、シリアルパンがありますよ。

Moi
Hmmm, je voudrais plutôt du pain de campagne.
[ムムム、ジュ・ヴドレ・プリュトー・デュ・パン・ドゥ・カンパーニュ]
う〜ん、むしろ田舎パンをいただきたいですね。

Un demi, s'il vous plaît. [アン・ドゥミ、シル・ヴ・プレ]
1/2個お願いします。

Une boulangère
Tranché ou pas? [トランシェ・ウ・パ]
スライスしますか？

> Moi

Oui, merci. [ウィ、メルスィ]
お願いします。

> Une boulangère

Un euro dix, s'il vous plaît. [アン・ニューロ・ディス、シル・ヴ・プレ]
1ユーロ10セント(サンチーム)です。

Merci. Au revoir. [メルスィ。オーヴォワール]
ありがとう。さようなら。

パンを買う

【 Un boulanger 】 [アン・ブーランジェ]
パン屋さん

女性形は une boulangère [ユンヌ・ブーランジェール]。店は la boulangerie [ラ・ブーランジュリ]。

【 Avez-vous ...? 】 [アヴェ・ヴ・〜]
〜はありますか？

すでに欲しいものが決まっているならば、こっちから聞いてしまおう。閉店間際だと値札があっても売り切れてしまっていることも多いので、そんな時にも。

【 Je n'en ai plus. 】 [ジュ・ナン・ネ・プリュ]
もうありません。

ne ... plus は "もう〜ない" という意味。でも話の上では否定形の ne を省略して、J'en ai plus. [ジャン・ネ・プリュ] と言うことが多い。ただの否定形 ne ... pas ならば、Je n'en ai pas. [ジュ・ナン・ネ・パ] で "最初からない" ということになる。

【 plutôt 】 [プリュトー]
むしろ

préférer (→P.086) とともに、商品を勧められて「こっちの方がいい」と違うものを選ぶ時などに。

【 Tranché ou pas? 】 [トランシェ・ウ・パ]
スライスしますか？

ハード系のパンを注文すると、スライスするかどうかを聞いてくれる。こちらから頼むならば、Tranché, s'il vous plaît. [トランシェ、シル・ヴ・プレ]。

市場のパン屋さんは、街のパン屋さんとは異なり、切り売りする大きなパンを売っていることが多い。したがってパンを注文する時も、野菜などと同じようにグラム数 (→P.062) を伝えて買っても。もちろん同様に、「Comme ça. [コム・サ] (このぐらい)」と手で大きさを示して切ってもらうこともできる。

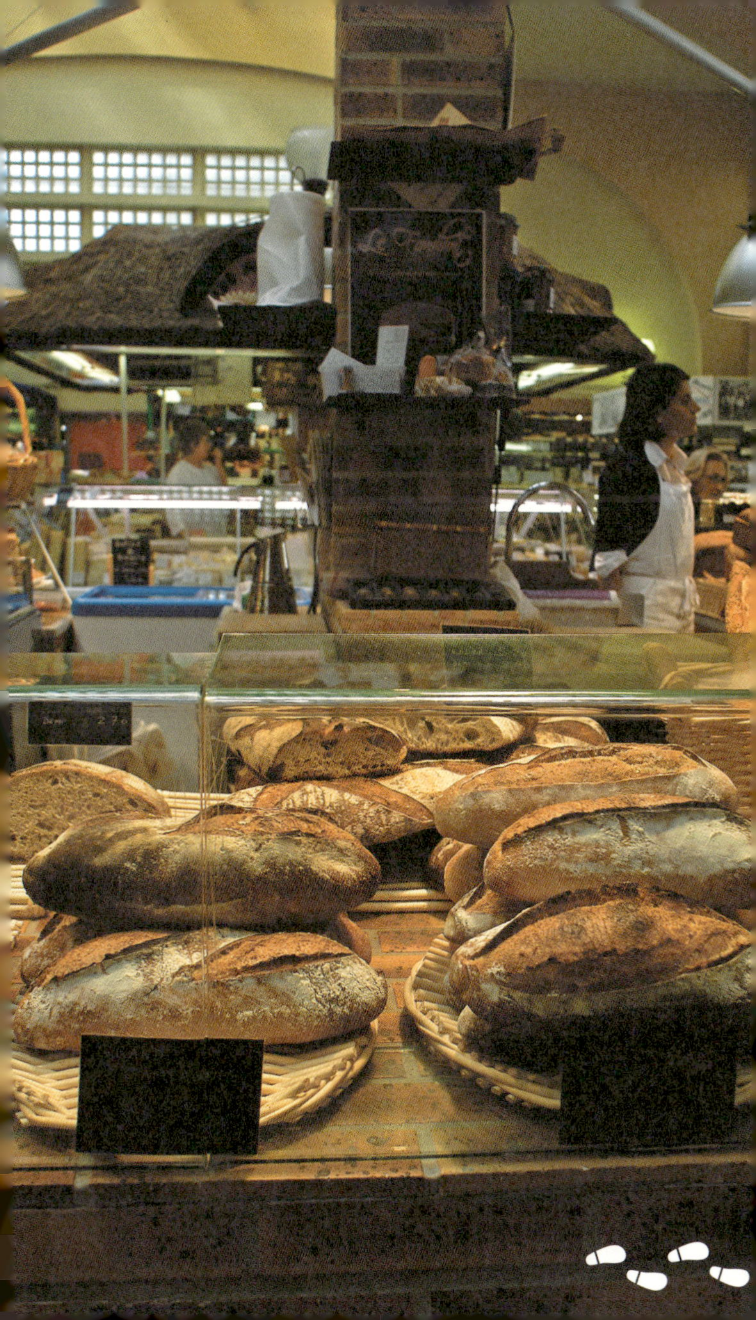

Nous avons acheté tout ce qu'il faut au marché,
[ヌザヴォン・アシュテ・トゥー・ス・キル・フォ・オ・マルシェ]

**Etalons un drap sur la pelouse,
et commençons le pique-nique.**
[エタロン・アン・ドラ・スュル・ラ・プルーズ、エ・コマンソン・ル・ピク・ニック]

Ça fait vraiment plaisir de manger dehors.
[サ・フェ・ヴレマン・プレズィル・ドゥ・マンジェ・ドオル]

ピクニックしよう！

【 Le pique-nique 】　[ル・ピク・ニック]
ピクニック

このまま動詞形にすると、pique-niquer [ピク・ニケ]（ピクニックする）ともなる。また、"草の上で昼食"という、le déjeuner sur l'herbe（→P.055）もピクニックの意。屋外で食事をするのが大好きなパリジャンたち。天気がいいとカフェのテラスはもちろん、公園も大賑わい。

市場で必要なものはすべて買ったし、

芝生の上に敷布を広げて、
ピクニックを始めよう。

外で食べるのは本当に気持ちがいい。

ピクニックするのに必要なモノたち
Les choses dont on a besoin pour pique-niquer.
[レ・ショーズ・ドン・トナ・ブゾワン・プール・ピク・ニケ]

こんなものがあれば、ピクニックは快適。

【 Un cabas 】 [アン・カバ]
買い物かご

市場での買い物の必需品でも。

【 Une serviette en papier 】
[ユンヌ・セルヴィエット・アン・パピエ]
紙ナプキン

布製ナプキンはune serviette de table [ユンヌ・セルヴィエット・ドゥ・ターブル]。

【 Une fourchette en plastique 】
[ユンヌ・フルシェット・アン・プラスティック]
プラスチック製のフォーク

【 Une cuillère en plastique 】
[ユンヌ・キュイエール・アン・プラスティック]
プラスチック製のスプーン

【 en + 素材 】 [アン・〜]
〜製の

un sac en plastique [アン・サッカン・プラスティック]（ビニール袋）や des chaussures en cuir [デ・ショスュール・アン・キュイール]（f.）（革靴）など、名詞の後につければOK。

【 Un drap 】 [アン・ドラ]
敷布

公園にはベンチや椅子がたくさんあるけれど、ピクニックには大きな敷布が一番。

【 Un gobelet en plastique 】
[アン・ゴブレ・アン・プラスティック]
プラスティック製コップ

ガラス製のコップならば、un verre [アン・ヴェール] と言うのが一般的。

【 Une assiette en carton 】
[ユン・ナスィエット・アン・カルトン]
紙皿

le carton はボール紙という意味もあり、le papier よりも厚い紙。

【 Un couteau pliant 】
[アン・クートー・プリィアン]
折りたたみ式ナイフ

折りたたみ式 (pliant) のナイフを持っていれば、硬いパンやチーズを切るのに重宝。

【 Un tire-bouchon 】
[アン・ティル・ブーション]
コルク栓抜き

栓 (un bouchon) を引っ張る (tirer [ティレ])、そのまんま。

外でお昼ごはんを食べる
Prendre le déjeuner en plein air.
[プランドル・ル・デジュネ・アン・プラン・ネール]

ようやく、ごはんだ！

Bon, j'ouvre la bouteille de vin.
[ボン、ジューヴル・ラ・ブテイユ・ドゥ・ヴァン]

じゃ、ワインを開けるよ。

A la santé de la tour Eiffel!
[ア・ラ・サンテ・ドゥ・ラ・トゥール・エフェル]

エッフェル塔に乾杯！

Le menu d'aujourd'hui est ...
[ル・ムニュ・ドージュールドゥイ・エ…]

本日のメニューはねえ、

le beignet de courgette,
[ル・ベニエ・ドゥ・クルジェット]

ズッキーニの衣揚げ、

la langue de bœuf au vin,
[ラ・ラング・ドゥ・ブフ・オ・ヴァン]

牛タンのワイン煮、

et les pommes de terre à la dauphinoise.
[エ・レ・ポム・ドゥ・テル・ア・ラ・ドフィノワズ]

それとじゃがいものグラタン。

T'as déjà vu ce film?
[タ・デジャ・ヴュ・ス・フィルム]
その映画もう見た？

Comment il s'appelle, cet acteur?
[コマン・イル・サペル、セタクトゥール]
何て名前だっけ、あの俳優？

C'est bon?
[セ・ボン]
おいしい？

Il y a du fromage aussi.
[イリヤ・デュ・フロマージュ・オスィ]
チーズもあるよ。

Tu peux me passer du pain, s'il te plaît?
[テュ・プ・ム・パセ・デュ・パン、シル・トゥ・プレ]
パン取ってくれる？

Hmmm, miam-miam ...
[ムムム、ミァム・ミァム]
う～ん、おいしい～。

Et ça marche avec ton copain?
[エ・サ・マルシュ・アヴェック・トン・コパン]
で、彼とはうまくいってる？

公園にあるモノたち
Les choses dans le parc. [レ・ショーズ・ダン・ル・パルク]

日向ぼっこしながら、目につくものの名前を覚えてみよう。

Un arbre [アン・ナルブル]
木

こんな大きくて葉がいっぱいの木は、un grand arbre plein de feuilles [アン・グラン・タルブル・プラン・ドゥ・フイユ]。

L'ombre [ロンブル] (*f.*)
日陰

パリジャンは日向 (le soleil) で、日焼けする (se bronzer au soleil [ス・ブロンゼ・オ・ソレイユ]) 方がお好き。

La pelouse [ラ・プルーズ]
芝生

入ることを禁止された (interdite [→ P.043]) 芝生と、許可された (autorisée [オトリゼ]) 芝生があるので注意。

Les fleurs [レ・フルール] (*f.*)
花

こんな紫色の小さな花は、une petite fleur violette [ユンヌ・プティット・フルール・ヴィオレット]。

Les nuages [レ・ニュアージュ] (*m.*)
雲

空は le ciel [ル・スィエル] で、青空は le ciel bleu [ル・スィエル・ブルー]、曇り空は le ciel couvert [ル・スィエル・クーヴェル]。

Les feuilles mortes
[レ・フイユ・モルト] (*f.*)
落ち葉

死んだ (morte) 葉 (les feuilles)。紅葉は赤くなった葉で、les feuilles rougies [レ・フイユ・ルージ]。

Un pigeon [アン・ピジョン]
ハト

多いのはハト、スズメ (un moineau [アン・モワノー])、カモメ (une mouette [ユヌ・ムエット])。カラス (un corbeau [アン・コルボー]) も少々。

Un poney [アン・ポネ]
ポニー

他にロバ (un âne [アン・ナヌ]) もいて、子どもたちを乗せて歩いてくれる。

公園にあるモノたち

Un bassin [アン・バサン]
池

池には噴水(un jet d'eau [アン・ジェ・ドー])とカモ(un canard [アン・カナール])がお決まり。

Le glacier [ル・グラシエ]
アイスクリーム屋

アイスクリーム(des glaces [デ・グラス] (f.))のフレーバー(le parfum [ル・パルファン])もさまざま。

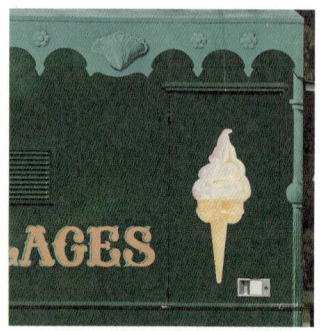

L'eau potable [ロー・ポタブル] (f.)
飲料水

パリの公園にはいくつも水飲み場があり、飲むことが可能(potable)。

Une grande roue
[ユンヌ・グランド・ルー]
観覧車

チュイルリー公園には移動遊園地(une foire [ユンヌ・フォワール])がやってくる。

Une chaise [ユンヌ・シェーズ]
椅子

2つの椅子を向かい合わせ、片方に足を乗せてくつろぐのがパリジャン風。ベンチは un banc (→P.041)。

Un manège [アン・マネージュ]
メリーゴーラウンド

または un carrousel [アン・カルーゼル] といい、写真は手動式のもの。公園以外に街角でも見かける。

Les marionettes [レ・マリヨネット] (f.)
人形劇

シャン・ド・マルス公園には人形劇が見られる小屋が。射的 (le tir à la cible [ル・ティル・ア・ラ・スィブル]) がある公園も。

Un bateau [アン・バトー]
船

池ではおもちゃの船の貸し出しも。セーヌ河の観光船といえば le Bateau-Mouche [ル・バトー・ムーシュ] (ハエ船！)。

犬に出会う
Rencontrer un chien. [ランコントレ・アン・シヤン]

友達と別れた後、どこからか犬が近づいてきた。

Moi

Coucou! [クークー]
よっ！

Comment tu t'appelles? [コマン・テュ・タペル]
何ていう名前なの？

Un chien

... (remue la queue) [… ルミュ・ラ・ク]
…（尻尾を振る）

Moi

Tu es tout seul? [テュ・エ・トゥー・スゥル]
ひとりなの？

Où est ta maman? [ウ・エ・タ・ママン]
ママはどこ？

Un chien

... (remue la queue)

Moi

Tu es vachement mignon, toi! [テュ・エ・ヴァシュマン・ミニョン、トワ]
ん～、本当にかわいいねぇ。

Bon, j'y vais. [ボン・ジ・ヴェ]
じゃ、行くよ。

Salut! [サリュ]
バイバイ！

Un chien

Wouaf! Wouaf! [ウァフ・ウァフ]
ワンワン！

後ろのムッシューたちは、金属のボール（une boule［ユヌ・ブール］）を的（le cochonnet［ル・コショネ］）のできるだけ近くに転がして得点を競う、ペタンク（la pétanque［ラ・ペタンク］）の真っ最中。パリのいたるところで見られる光景。

【 Un chien 】 [アン・シヤン]
犬

雌犬は une chienne [ユンヌ・シエンヌ]。

もちろん、飼い主がいるならばそちらに聞こう。

Il s'appelle comment, votre chien?
[イル・サペル・コマン、ヴォトル・シヤン]
あなたの犬の名前は何ですか?

Quel âge a-t-il? [ケラージュ・ア・ティル]
何歳ですか?

C'est un garçon ou une fille? [セタン・ガルソン・ウ・ユンヌ・フィーユ]
男の子ですか、女の子ですか?

本来、オスは le mâle [ル・マル]、メスは la femelle [ラ・フメル]。

オスならば、

Il est beau. [イレ・ボー]
ハンサムくんですね。

メスならば、

Elle est belle. [エレ・ベル]
美人さんですね。

などと褒めてあげても。

犬好きなパリジャンたち。犬をネタにちょっと話しかけてみてはいかが?

肉屋さんの前では、こんなパーキングも。
Parking pour nos amis chiens.
［パルキング・プール・ノザミ・シヤン］
私たちの仲間、ワンちゃんたち用のパーキング。

犬のための標識
Les panneaux pour les chiens
[レ・パノー・プール・レ・シヤン]

さすが犬天国の街、パリにはいろんなところに犬のための標識がある。

〈道端でもっともよく見かける標識〉

J'aime mon quartier.
[ジェム・モン・カルティエ]
私の街が好きだから。

Je ramasse. [ジュ・ラマス]
私は拾います。

Règlement sanitaire départemental infraction punie par une amende pouvant atteindre 450€.
県の保健衛生法規違反は450ユーロに達する罰金が科せられる。

犬の糞を拾わなければ最大450ユーロの罰金ということ！

〈パン屋さんの扉に〉

Par arrêté préfectoral.
[パラレテ・プレフェクトラル]
県条例により。

Les animaux ne sont pas admis dans le magasin.
[レ・ザニモー・ヌ・ソン・パザドミ・ダン・ル・マガザン]
動物は店の中に入ることを許可
されていません。

〈アパートの入り口で〉

Les chiens doivent être tenus en laisse.
[レ・シヤン・ドワヴ・エトル・トニュ・アン・レス]
犬はリードでつながれていなくてはならない。

〈公園で〉

Même tenus en laisse.
[メム・トニュ・アン・レス]
リードでつながれていても(立ち入り禁止)。

Toutounet [トゥトゥネ]
犬の糞掃除袋

Toutou [トゥトゥ] (m.) は"ワンちゃん"のこと。

1. Enfilez le sac.
[アンフィレ・ル・サック]
袋に手を入れましょう。

2. Saisissez la déjection.
[セズィセ・ラ・デジェクスィオン]
排泄物をつかみましょう。

3. Retournez le sac.
[ルトゥルネ・ル・サック]
袋をひっくり返しましょう。

4. Jetez le sac.
[ジュテ・ル・サック]
袋を捨てましょう。

罰金を科したり、糞の掃除袋まで設置し、使い方までご丁寧に説明していても、なくならないのが犬の糞。もっとも危険地帯は、路上駐車の車と車の間。変な場所で道を横断しようとすると、グチャ。そんな時は、「Merde! [メールド]」と叫ぼう。本当に"糞"の意味と、"チクショー"という意味がある。決してお上品な言葉ではありませんが、これであなたもパリジャン。

Haaa, je suis repue.
Allez, en avant pour la promenade.
［ア〜、ジュ・スュイ・ルピュ。アレ、アン・ナヴァン・プール・ラ・プロムナード］

Les beaux bâtiments, les passages pavés pittoresques, etc ..,
［レ・ボー・バティマン、レ・パサージュ・パヴェ・ピトレスク、エトセトラ］

Paris est une ville agréable pour se promener.
［パリ・エ・ユンヌ・ヴィル・アグレアーブル・プール・ス・プロムネ］

散歩を始めよう！

【 La promenade 】 [ラ・プロムナード]
散歩

faire une promenade [フェル・ユンヌ・プロムナード] で
"散歩する"。または、se promener [ス・プロムネ]。パ
リは区ごとで表情が違うから、どこを散歩しても面
白いけれど、美しい街並みが見られるセーヌ河沿い、
古い路地が多く残るサン・ルイ島、マレ地区、モン
マルトルなどがやっぱりオススメ。

はぁ、お腹もいっぱいになったし、
さあ、散歩を始めよう。

美しい建物、昔ながらの石畳の路地などなど、

パリは散歩するのに心地よい街。

パリの看板
Les enseignes dans Paris [レ・ザンセーニュ・ダン・パリ]

パリの街にはおしゃれでかわいい看板がいっぱい。さて、これは何屋さんかな？

La tapisserie [ラ・タピスリ]
室内装飾業

tapissier (tapissière) [タピスィエ (タピスィエール)] は室内装飾業者。

La papeterie [ラ・パプトリ]
文房具店

papetier (papetière) [パプティエ (パプティエール)] は文房具商。l'imprimerie [ランプリムリ] (f.) は印刷屋。

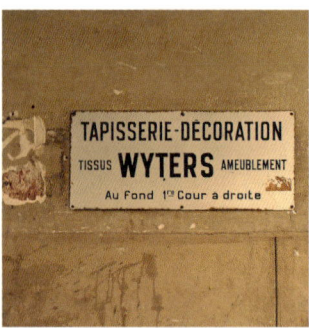

La laverie [ラ・ラヴリ]
コインランドリー

la blanchisserie [ラ・ブランシスリ] はクリーニング屋。

La bijouterie [ラ・ビジュトリ]
アクセサリー店

bijoutier (bijoutière) [ビジュティエ (ビジュティエール)] はアクセサリー商。la joaillerie [ラ・ジョエルリ] は宝石店。

La confiserie [ラ・コンフィズリ]
砂糖菓子店

confiseur (confiseuse)[コンフィズゥール(コンフィズゥーズ)] は砂糖菓子業者。chez le chocolatier [シェ・ル・ショコラティエ] はチョコレート屋。

La librairie [ラ・リブレリ]
書店

un libraire [アン・リブレル] は書店主。雑誌販売店は le magasin de journaux [ル・マガザン・ドゥ・ジュルノー]。

La cordonnerie [ラ・コルドヌリ]
靴修理店

cordonnier (cordonnière)[コルドニエ(コルドニエール)] は靴修理業者。la retoucherie [ラ・ルトゥシュリ] は寸法直し店。

Chez l'encadreur
[シェ・ランカドルゥール] (*m.*)
額縁屋

l'encadrement [ランカドルマン] (*m.*) は、額縁や額に入れることを意味する。

パリの看板

La pharmacie [ラ・ファルマスィ]
薬局

pharmacien (pharmacienne) [ファルマスィヤン (ファルマスィエンヌ)] は薬剤師。

Chez le fleuriste
[シェ・ル・フルーリスト]
花屋

l'oisellerie [ロワズルリ] (*f.*) は小鳥屋。

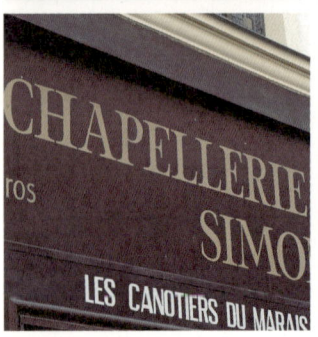

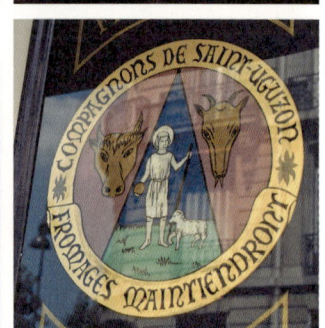

La chapellerie [ラ・シャプルリ]
帽子屋

chapelier (chapelière) [シャプリエ (シャプリエール)] は帽子業者。le magasin de chaussures [ル・マガザン・ドゥ・ショスュール] は靴屋。

La fromagerie [ラ・フロマージュリ]
チーズ屋

fromager (fromagère) [フロマジェ (フロマジェール)] はチーズ業者。

看板の表記には"何の店"以外に、"何の職業"なのかが書かれている場合も多い。したがって「〜屋さんに行く」という言い方も2通りできる。「チーズ屋に行く」ならば、Je vais à la fromagerie.［ジュ・ヴェ・ア・ラ・フロマージュリ］もしくは、"chez＋職業名（〜の店）"を使って、Je vais chez le fromager.［ジュ・ヴェ・シェ・ル・フロマジェ］。

L'épicerie ［レピスリ］(f.)
食料品店

épicier (épicière)［エピスィエ (エピスィエール)］は食料品商。le tabac ［ル・タバ］はたばこ販売店。

La boucherie chevaline
［ラ・ブーシュリ・シュヴァリーヌ］
馬肉屋

la charcuterie ［ラ・シャルキュトリ］は肉加工品店。

L'agence immobilière
［ラジャンス・イモビリエール］(f.)
不動産屋

l'agence de voyages ［ラジャンス・ドゥ・ヴォヤージュ］は旅行代理店。

Chez le coiffeur ［シェ・ル・コワフール］
美容院

la parfumerie ［ラ・パルフュムリ］は化粧品店。

情報を尋ねる
Demander un renseignement. [ドゥマンデ・アン・ランセニュマン]

ふと気がつくと、道沿いに人々がずらりと並んでいる。

Moi
Excusez-moi, je voudrais un petit renseignement.
[エクスキューゼ・モワ、ジュ・ヴドレ・アン・プティ・ランセニュマン]
すいません、ちょっとお尋ねしたいのですが。

Pourquoi ces gens font-ils la queue?
[プールクワ・セ・ジャン・フォンティル・ラ・ク]
なぜこの人々は並んでいるのですか？

Un gardien
Pour voir une exposition de photographies.
[プール・ヴォワール・ユン・ネクスポズィスィオン・ドゥ・フォトグラフィ]
写真の展覧会を見るためですよ。

Aujourd'hui, l'entrée est gratuite.
[オージュールデュイ、ラントレ・エ・グラテュイト]
今日、入場は無料です。

Moi
Ah bon! Mais il faut attendre longtemps?
[ア・ボン。メ・イル・フォ・アタンドル・ロンタン]
本当に！ でも長時間待たなくてはいけないですよね？

Un gardien
Oui ..., à peu près une heure et demie.
[ウィ、ア・プ・プレ・ユンヌール・エ・ドゥミ]
そうですね…、約1時間半ほど。

Vous feriez mieux de revenir plus tard.
[ヴ・フリエ・ミュー・ドゥ・ルヴニール・プリュ・タール]
もっと後で来た方がいいでしょうね。

Moi
Oui ..., c'est ouvert jusqu'à quelle heure?
[ウィ、セトゥヴェール・ジュスカ・ケルゥール]
えぇ、何時までやっているのですか？

Un gardien
Jusqu'à 19h30. [ジュスカ・ディズ・ヌヴゥール・トラント]
19時30分までです。

Moi
D'accord. Si possible, je reviendrais plus tard.
[ダコール。スィ・ポスィブル、ジュ・ルヴィアンドレ・プリュ・タール]
わかりました。できれば、また後で来ます。

Merci pour le renseignement. [メルスィ・プール・ル・ランセニュマン]
情報をありがとうございます。

Un gardien
De rien. [ドゥ・リヤン]
どういたしまして。

Peut-être à plus tard.
[プテートル・ア・ピリュ・タール]
たぶんまた後でね。

情報を尋ねる

【 Un gardien 】 [アン・ガルディヤン]
警備員

女性形は une gardienne [ユンヌ・ガルディエンヌ]。

【 Je voudrais un petit renseignement. 】
[ジュ・ヴドレ・アン・プティ・ランセニュマン]
ちょっとお尋ねしたいのですが。

または、Un petit renseignement, s'il vous plaît. [アン・プティ・ランセニュマン、シル・ヴ・プレ] と情報を求めたい相手に声をかける。

【 Faire la queue 】 [フェル・ラ・ク]
列になる

尻尾（la queue）を作る（faire）というわけ。自分も列に並ぶ時は、Vous faites la queue? [ヴ・フェトゥ・ラ・ク]（並んでいますか？）と、最後尾を確認しても。

【 L'entrée est gratuite. 】 [ラントレ・エ・グラテュイト]
入場は無料。

美術館や展覧会は常に無料のところや、曜日によって無料になるところも多い。Entrée gratuite. [アントレ・グラテュイト] や Entrée libre. [アントレ・リーブル] と書いてあれば、入場無料。ぜひチェックすべし。

【 Une heure et demie 】 [ユヌゥール・エ・ドゥミ]
1時間半

30分間のことは、trente minutes [トラント・ミニュト] とはあまり言わず、une demi-heure [ユンヌ・ドゥミ・ウール]。15分間のことは、un quart d'heure [アン・カール・ドゥール]。45分間のことは、trois quarts d'heure [トロワ・カール・ドゥール]。

【 Jusqu'à quelle heure? 】 [ジュスカ・ケルゥール]
何時までですか？

答えるのも、Jusqu'à + 時間 で「～時まで」。逆に何時から始まるのか聞くのは、A partir de quelle heure? [ア・パルティ・ドゥ・ケルゥール]。

【 Merci pour ... 】 [メルスィ・プール・～]
～をありがとうございます。

お礼の言い方。もしコーヒーをおごってもらったというなら、Merci pour le café. [メルスィ・プール・ル・カフェ]（コーヒーをありがとう）。

3
INSTITUT
EUROPEEN
DE LANGUES
square
EXPRESSO
SERVICE
CORDONNERIE
Kodak

道にあるモノたち
Les choses dans la rue.
［レ・ショーズ・ダン・ラ・リュ］

歩いているとよく見かけるモノや標識といえば…。

【 Les toilettes publiques 】
［レ・トワレット・ピュブリック］(*f.*)
公衆トイレ

散歩していると困るのがトイレ。道端でよく見かけるこの公衆トイレは、現在は使用無料（Accés gratuit ［アクセ・グラテュィ］）に。

使い方は、

Appuyer sur le bouton poussoir.
［アピュイエ・スュル・ル・ブトン・プソワ］

押しボタンを押す。

Entrée à gauche (porte ouverte).
［アントレ・ア・ゴーシュ（ポルト・ウヴェルト）］

左に入り口（扉は開いている）。

だけ。

Après chaque utilisation,
ces toilettes sont automatiquement nettoyées,
le siège est brossé et désinfecté.
毎回使用後、このトイレは自動的に洗浄され、
便座はブラシをかけて消毒される。

とのこと。私はカフェのトイレをオススメしますが、勇気のある方はどうぞ。

【 La cabine téléphonique 】
[ラ・カビーヌ・テレホニック]
電話ボックス

使えるのはたばこ屋さんや、駅のキオスクで売っているテレホンカード（une télécarte [ユヌ・テレカルト]）、またはICチップつきキャッシュカード。国際電話も可能。

使い方は、

Décrochez. [デクロシェ]
受話器を取ってください。

Patientez S.V.P. [パスィヤンテ・シル・ヴ・プレ]
しばらくお待ちください。
（S.V.P.は s'il vous plaît.の略）

Introduire la carte ou faire le numéro libre.
[アントロデュイール・ラ・カルト・ウ・フェル・ル・ニュメロ・リーブル]
カードを入れるか、フリーダイヤルを押す。

カードを入れると、

Nombre d'unités disponibles 15.
[ノンブル・デュニテ・ディスポニーブル・カーンズ]
残り度数15。

Numérotez. [ニュメロテ]
番号を押してください。

Numéro appelle. [ニュメロ・アペル]
呼び出し中。

話し終わったら、

Raccrochez. [ラクロシェ]
受話器を置いてください。

Retirez la carte. [ルティレ・ラ・カルト]
カードをお取りください。

道にあるモノたち

【 Le container à verre 】
[ル・コンテネ・ア・ヴェール]
ビン回収箱

街中で見かける緑の円柱はビン回収箱。空きビンはココに放り込んで置けばOK。いっぱいになった頃、クレーンつきトラックがやってきて回収箱をクレーンで吊るし、中身を出すという荒っぽいやり方で回収してくれる。La propreté de Paris [ラ・プロプルテ・ドゥ・パリ] は"パリ清掃局"の意味。道端のゴミ箱は une poubelle [ユンヌ・プーベル] と言う。

【 L'histoire de Paris 】
[リストワール・ドゥ・パリ] (*f.*)
パリの歴史

歴史的建物や場所に立てられている案内板。その歴史が長々とフランス語のみで書かれているため、興味がある人はデジカメにでも撮って、後で辞書を片手に読んでみると面白い。建物の壁などには、その家で生まれたり、亡くなった著名人の名前が記された記念プレート(la plaque commémorative [ラ・プラック・コメモラティヴ])があることも。

【 Le kiosque 】 [ル・キオスク]
売店

たいていメトロの出入り口の脇にあり、雑誌、ちょっとしたお菓子、絵葉書などを扱う。la presse [ラ・プレス] は新聞、雑誌のこと。本屋では雑誌は扱わないため、KiosqueやPresseの看板のある雑誌店(→P.111)で買う。

【 Le feu 】 [ル・フー]
信号

フランスでは、赤信号は赤（le feu rouge [ル・フー・ルージュ]）、黄信号はオレンジ（!）（le feu orange [ル・フー・オランジュ]）、青信号は緑（le feu vert [ル・フー・ヴェール]）と言う。

Attendez le signal pour traverser.
[アタンデ・ル・スィニャル・プール・トラヴェルセ]

渡るための信号を待ちましょう。

このマークがついているところは押しボタン式信号機。

Piétons attention traversez en 2 temps.
[ピエトン・アタンスィオン・トラヴェルセ・アン・ドゥー・タン]

歩行者は注意、2回渡ってください。

大きな道路の横断歩道は2つ信号がある。信号が青になるタイミングがずれていたりして、道路の真ん中でまた信号待ちしなくてはいけない時も。Piétons attention feux décalés. [ピエトン・アタンスィオン・フー・デカレ]（歩行者は時差式信号に注意）と書いてあることも。

道端で声をかけられる
Se faire aborder dans la rue. [ス・フェル・アボルデ・ダン・ラ・リュ]

信号待ちをしていると、不意に声をかけられた。

Un jeune homme
Excusez-moi, vous avez l'heure?
[エクスキューゼ・モワ、ヴザヴェ・ルゥール]
すみません、時間がわかりますか？

Moi
Oui, il est 15h05. [ウィ、イレ・カーンズゥール・サンク]
ええ、15時05分ですよ。

Un jeune homme
Merci. Et vous venez d'où? [メルスィ。エ・ヴ・ヴネ・ドゥ]
ありがとう。ご出身はどちらですか？

Moi
Je suis Japonaise. [ジュ・スュイ・ジャポネーズ]
日本人です。

Un jeune homme
Ah bon! Je suis allé deux fois au Japon.
[ア・ボン。ジュ・スュイ・ザレ・ドゥー、フォワ・オ・ジャポン]
本当に！ 日本に2回行ったことがありますよ。

C'était magnifique. [セテ・マニフィック]
それはすばらしかった。

Et vous êtes en vacances? [エ・ヴゼトゥ・アン・ヴァカンス]
で、ヴァカンス中ですか？

Moi
Non, j'habite maintenant à Paris pour apprendre le français.
[ノン、ジャビトゥ・マントナン・ア・パリ・プーラプランドル・ル・フランセ]
いいえ、フランス語を学ぶために今はパリに住んでいるんですよ。

Un jeune homme

C'est bien. [セ・ビヤン]
それはいいですね。

Si vous voulez, on va au café?
[スィ・ヴ・ヴレ、オン・ヴァ・オ・カフェ]
よろしければ、カフェに行きませんか？

Je vous invite. [ジュ・ヴ・ザンヴィト]
ごちそうしますよ。

さて、どうするか？
好みのタイプならば、ちょっと乗ってみる？

Moi

Oui, d'accord. On y va. [ウィ、ダコール。オニ・ヴァ]
OK。行きましょう。

もちろん、好みじゃなければ断る。

Moi

Je suis désolée, je n'ai pas le temps.
[ジュ・スュイ・デゾレ、ジュ・ネ・パ・ル・タン]
残念ですが、時間がないの。

J'ai rendez-vous avec mon copain.
[ジェ・ランデ・ヴ・アヴェク・モン・コパン]
彼と約束があるの。

Il faut que j'y aille tout de suite.
[イル・フォ・ク・ジ・アイユ・トゥー・ドゥ・スュイット]
すぐに行かなくてはいけないわ。

Au revoir. [オーヴォワール]
さようなら。

道端で声をかけられる

【 Un jeune homme 】 [アン・ジュン・ノム]
青年

若い女の子は une jeune fille [ユヌ・ジュンヌ・フィーユ]。

【 Vous avez l'heure? 】 [ヴザヴェ・ルゥール]
時間がわかりますか？

"時計を持っているか"という意味あい。これがもし「お時間はありますか？」という質問なら、Vous avez du temps? [ヴザヴェ・デュ・タン]。「今何時ですか？」は、Quelle heure est-il? [ケルゥール・エティル]。

【 Vous venez d'où? 】 [ヴ・ヴネ・ドゥ]
ご出身はどちらですか？

または、Vous êtes de quelle origine? [ヴゼトゥ・ドゥ・ケル・オリジーヌ]、De quelle nationalité êtes-vous? [ドゥ・ケル・ナスィオナリテ・エトゥ・ヴ] と言われても同じこと。

【 Je suis Japonais(Japonaise). 】 [ジュ・スュイ・ジャポネ（ジャポネーズ）]
日本人です。

間違えられやすい国籍はやっぱり、中国人（Chinois (Chinoise) [シノワ（シノワーズ）]）や、韓国人（Coréen (Coréenne) [コレアン（コレエンヌ）]）。

【 Je vous invite. 】 [ジュ・ヴ・ザンビトゥ]
ごちそうしますよ。

招待する（inviter）というわけで"おごる"ということ。

実際、日本人女性好きなフランス人は多く、1人で散歩していると声をかけられることはよくある。フランス語の勉強にコーヒー1杯つきあってみたり、もしかしたらそれが恋の始まりになることもあるかもしれないが、中には下心見え見えの人も。人を見る目に自信がない人や、断る時にきっちり断れない人は、最初から断ったほうが無難。

【 L'heure 】 [ルゥール]
時刻

時間を言うのは、"Il est + 時刻"。言い方は12時間制または24時間制どちらでも。12時間制で言う時は時刻をより明確にするため、午前の(du matin [デュ・マタン])、午後の(de l'après-midi [ドゥ・ラプレ・ミディ])、夜の(du soir [デュ・ソワール])をつけることも。

01 : 00　une heure du matin [ユンヌール・デュ・マタン]
01 : 10　une heure dix [ユンヌール・ディス]
　　　　⋮
11 : 00　onze heures du matin [オンズゥール・デュ・マタン]
11 : 15　onze heures et quart [オンズゥール・エ・カール]

12 : 00　midi [ミディ]
12 : 20　midi vingt [ミディ・ヴァン]

13 : 00　une heure de l'après-midi [ユンヌール・ドゥ・ラプレ・ミディ]
　　　　／ treize heures [トレーズゥール]
13 : 30　une heure et demie [ユンヌール・エ・ドゥミ]
　　　　／ une heure trente [ユンヌール・トラント]
　　　　⋮
16 : 00　quatre heures de l'après-midi [カトルゥール・ドゥ・ラプレ・ミディ]
　　　　／ seize heures [セーズゥール]
16 : 35　quatre heures trente-cinq [カトルゥール・トラント・サンク]
　　　　／ cinq heures moins vingt-cinq [サンクゥール・モワン・ヴァン・サンク]
　　　　(5時25分前)

17 : 00　cinq heures du soir [サンクゥール・デュ・ソワール]
　　　　／ dix-sept heures [ディセトゥール]
17 : 45　six heures moins le quart [スィズゥール・モワン・ル・カール]
　　　　(6時15分前)
　　　　⋮
23 : 00　onze heures du soir [オンズゥール・デュ・ソワール]
　　　　／ vingt-trois heures [ヴァン・トロワズゥール]
23 : 50　minuit moins dix [ミニュイ・モワン・ディス] (0時10分前)

24 : 00　minuit [ミニュイ]

パリの家
La maison parisienne [ラ・メゾン・パリズィエンヌ]

こんな家に住んでみたい！と物色しながら歩くのも、散歩の楽しみ。

【 L'immeuble 】 [リムーブル] (m.)
アパート、マンション

パリの中心部はほとんどが集合住宅。
un appartement [アン・ナパルトマン] (アパルトマン) は2LDKなど、1世帯の居住空間のこと。ワンルームは un studio [アン・ステュディオ]。一軒屋は une maison [ユンヌ・メゾン]。

Le cinquième étage [ル・サンキエム・エタージュ]
6階（第5の階）

Le quatrième étage [ル・カトリィエム・エタージュ]
5階（第4の階）

Le troisième étage [ル・トロワズィエム・エタージュ]
4階（第3の階）

Le deuxième étage [ル・ドゥズィエム・エタージュ]
3階（第2の階）

Le premier étage [ル・プルミエ・レタージュ]
2階（第1の階）

建物に"階（l'étage [レタージュ]）がある"とし、日本の2階を第1の階と呼ぶ。

Le rez-de-chaussée [ル・レ・ドゥ・ショセ]
1階

Le sous-sol [ル・スー・ソル]
地階（地下）

【 La cheminée 】[ラ・シュミネ]
煙突

【 Le toit 】[ル・トワ]
屋根

【 La chambre de bonne 】
[ラ・シャンブル・ドゥ・ボンヌ]
屋根裏部屋

以前、屋根裏を女中（la bonne）の部屋（la chambre）に使っていたため。

【 Le balcon 】[ル・バルコン]
バルコニー

【 La fenêtre 】[ラ・フネトル]
窓

【 Les volets 】[レ・ヴォレ]（*m.*）
よろい戸

【 La porte d'entrée 】[ラ・ポルト・ダントレ]
入り口

建物全体の入り口にはデジタルコードがついており、暗証番号を押して中に入る。

道に迷う
Perdre son chemin. [ペルドル・ソン・シュマン]

ふらふら歩いていたら、道がわからなくなった！

Moi
Pardon, madame. [パルドン、マダム]
すみません。

Savez-vous où se trouve la station de métro Saint-Paul?
[サヴェ・ヴ・ウ・ス・トルヴ・ラ・スタスィオン・ドゥ・メトロ・サン・ポール]
(地下鉄の) サン・ポール駅はどこかご存知ですか？

Une vieille dame
Oui, vous allez tout droit jusqu'au bout et prenez la petite rue à droite.
[ウィ、ヴザレ・トゥー・ドロワ・ジュスコ・ブー・エ・プルネ・ラ・プティトゥ・リュ・ア・ドロワット]
えぇ、突き当たりまで真っ直ぐ行き、小さな道を右に進みなさい。

Ensuite quand vous débouchez dans la grande rue, tournez à gauche.
[アンスュイット・カン・ヴ・デブシュ・ダン・ラ・グランド・リュ、トゥルネ・ア・ゴーシュ]
次に、大きな道に出たら、左に曲がりなさい。

Et vous trouverez la station. [エ・ヴ・トルヴレ・ラ・スタスィオン]
すると駅が見つかりますよ。

Moi
C'est loin d'ici? [セ・ロワン・ディスィ]
ここから遠いですか？

Il n'y a pas d'autre station plus près que celle-ci?
[イル・ニヤ・パ・ドートル・スタスィオン・プリュ・プレ・ク・セル・スィ]
それよりももっと近い他の駅はありませんか？

> Une vieille dame

Non, non, pas du tout! [ノン、ノン、パ・デュ・トゥー]

いいえ、いいえ、全然！

A peu près 5 minutes jusqu'à la station Saint-Paul.
[ア・プ・プレ・サンク・ミニュト・ジュスカ・ラ・スタスィオン・サン・ポール]

サン・ポール駅まで5分ほどですよ。

> Moi

Tant mieux! Merci beaucoup, madame.
[タン・ミュー。メルスィ・ボークー、マダム]

よかった！ありがとうございます。

> Une vieille dame

Il n'y a pas de quoi.
[イル・ニヤ・パ・ドゥ・クワ]

どういたしまして。

道に迷う

【 Une vieille dame 】 [ユンヌ・ヴィエイユ・ダム]
老婦人

老人は un vieux monsieur [アン・ヴィユー・ムスィユー]。

【 Savez-vous où se trouve + 場所 ? 】
[サヴェ・ヴ・ウ・ス・トルヴ・〜]
〜はどこかご存知ですか?

Où est la station de métro Saint-Paul? [ウ・エ・ラ・スタスィオン・ドゥ・メトロ・サン・ポール] ((地下鉄の) サン・ポール駅はどこですか?) とダイレクトに聞いても。道を説明されても分からなければ、

Je ne comprends pas. [ジュ・ヌ・コンプラン・パ]
分かりません。

Vous pouvez l'indiquer sur le plan?
[ヴ・プヴェ・ランディケ・スュル・ル・プラン]

地図上に指し示していただけますか?

自分がどこにいるのかさえ分からなければ、

Où sommes-nous? [ウ・ソム・ヌ]
ここはどこですか?

【 C'est loin d'ici? 】 [セ・ロワン・ディスィ]
ここから遠いですか?

または、Combien de temps faut-il pour y aller? [コンビヤン・ドゥ・タン・フォティル・プーリ・アレ] (そこに行くにはどのぐらいの時間がかかりますか?) と聞けば、だいたいの距離が分かる。もし、逆に道を尋ねられて分からなければ、

Je ne sais pas. [ジュ・ヌ・セ・パ]
知りません。

パリを歩いていると、パリジャンにも道を聞かれることがある。また写真を撮っていると、C'est beau, Paris. [セ・ボー・パリ] (パリは美しいわね) とか、C'est magnifique. [セ・マニフィック] (すばらしいね) と声をかけられる。多国籍なパリでは、こっちが東洋人だということはまったく関係なく、そもそも思い立ったら誰かれ構わずに話しかけてしまうのが、パリジャン。だからこっちも気にせずに、Pourriez-vous me prendre en photo? [プリエ・ヴ・ム・プランドル・アン・フォト] (私の写真を撮っていただけますか?) などとお願いしちゃお。

建物によっては、建設年と建築家（**L'architecte**〔ラルシテクト〕m.）、または請負会社（**l'entreprise**〔ラントルプリーズ〕f.）、彫刻家（**le sculpteur**〔ル・スキュルテュール〕）などの名前が刻まれているのでチェック。

A^{TE} MORSENT
ARCHITECTE
1895

Tiens! Il y a un marché aux puces là-bas.
［ティヤン。イリヤ・アン・マルシュ・オー・ピュース・ラ・バ］

Peut-être que je vais trouver quelque chose d'intéressant.
［プテートル・ク・ジュ・ヴェ・トルヴェ・ケルク・ショーズ・ダンテレサン］

Quelque chose qui va me donner un coup de foudre.
［ケルク・ショーズ・キ・ヴァ・ム・ドネ・アン・クー・ドゥ・フードル］

蚤の市をやっているよ

あれ！向こうで蚤の市をやっているよ。
もしかしたら何か面白いものが見つかるかも。
一目惚れするような何かがね。

【 Le marché aux puces 】
[ル・マルシェ・オー・ピュース]
蚤の市

そのまんま、蚤(la puce)の市場。一般人参加のフリーマーケットは、屋根裏(le grenier)を空にする(vider)と言う、le vide-grenier [ル・ヴィド・グルニエ]。古物商の店は、la brocante [ラ・ブロカント]、より高級な骨董品を扱うのは、l'antiquaire [ランティケール] (m.)。蚤の市でいいものを見つけようと思ったら、朝早くに行くべし。

蚤の市で買い物をする
Faire des courses au marché aux puces.
［フェル・デ・クルス・オ・マルシェ・オー・ピュース］

早速、かわいいもの見つけちゃった！

Moi
Bonjour, monsieur. ［ボンジュール、ムスィユー］
こんにちは。

A quoi ça sert? ［ア・クワ・サ・セール］
これは何に使うのですか？

Un brocanteur
Quand on attrape froid,
on met de l'eau chaude et un médicament à l'intérieur,
［カン・トン・ナトラプ・フロワ、
オン・メ・ドゥ・ロー・ショード・エ・アン・メディカマン・ア・ランテリゥール］
風邪を引いた時に、中にお湯と薬を入れ、

et on inhale la vapeur qui s'en échappe.
［エ・オン・ニナル・ラ・ヴァプール・キ・サン・ネシャブ］
出てくる蒸気を吸い込むんだよ。

Moi
Ah oui! J'ai déjà vu ça dans un vieux film.
［アァ・ウィ。ジェ・デジャ・ヴュ・サ・ダン・ザン・ヴィユー・フィルム］
あぁ、そうそう！昔の映画で見たことがあります。

Combien ça coûte? ［コンビヤン・サ・クート］
おいくらですか？

Un brocanteur
15 euros. ［カンズユーロ］
15ユーロです。

Moi
Ah, non! c'est trop cher! ［アァ、ノン。セ・トロ・シェール］
えぇ！高すぎる！

Un brocanteur
Mais non, il est en bon état, bien propre.
[メ・ノン、イレ・アン・ボン・ネタ、ビヤン・プロブル]
いやしかし、使える状態だし、とてもきれいだよ。

Moi
Je veux bien, mais vous me faites une petite réduction?
[ジュ・ヴ・ビヤン、メ・ヴ・ム・フェトゥ・ユンヌ・プティトゥ・レデュクスィオン]
いただきたいのですが、ちょっとまけていただけません？

Un brocanteur
Hmmmm, 13 euros. [ムムムム、トレーズユーロ]
ん〜ん、13ユーロだな。

Moi
10 euros? [ディズユーロ]
10ユーロでは？

Un brocanteur
Bon! Je vous le fais à 11 euros.
[ボン。ジュ・ヴ・ル・フェ・ア・オーンズユーロ]
よし、11ユーロにしてあげるよ。

Moi
D'accord, merci monsieur! [ダコール、メルスィ・ムスィユー]
OK、ありがとう！

Bonne soirée! [ボンヌ・ソワレ]
楽しい夜を！

Un brocanteur
A vous aussi. [ア・ヴ・オスィ]
あなたも。

蚤の市で買い物をする

【 Un brocanteur 】 [アン・ブロカントゥール]
古物商

女性形は une brocanteuse [ユンヌ・ブロカントゥーズ]。

【 A quoi ça sert? 】 [ア・クワ・サ・セール]
これは何に使うのですか?

servir à ... で「〜に役立つ」という意味。

C'est fait en quelle matière? [セ・フェ・アン・ケル・マティエール]
何の素材でできているのですか?

En quelle année a-t-il été fabriqué?
[アン・ケラネ・ア・ティル・エテ・ファブリケ]
何年に製造されたのですか?

Comment appelle-t-on cela en français?
[コマン・アペル・トン・スラ・アン・フランセ]
フランス語で何と言うのですか?

などと聞いてみても。また試着したいときは、

Je peux l'essayer? [ジュ・プ・レセイエ]
これを試してみてもいいですか?

【 Faire une réduction 】 [フェル・ユンヌ・レデュクスィオン]
値引きする

単刀直入に Baissez le prix, s'il vous plaît. [ベセ・ル・プリ、シル・ヴ・プレ] (値段を下げてください) とお願いしても。

【 Je vous le fais à + 値段 . 】 [ジュ・ヴ・ル・フェ・ア・〜]
(値段) でそれを売りますよ。

逆に Vous me le faites à combien? [ヴ・ム・ル・フェトゥ・ア・コンビヤン] (それをおいくらで売ってくれますか?) と聞くことも可能。

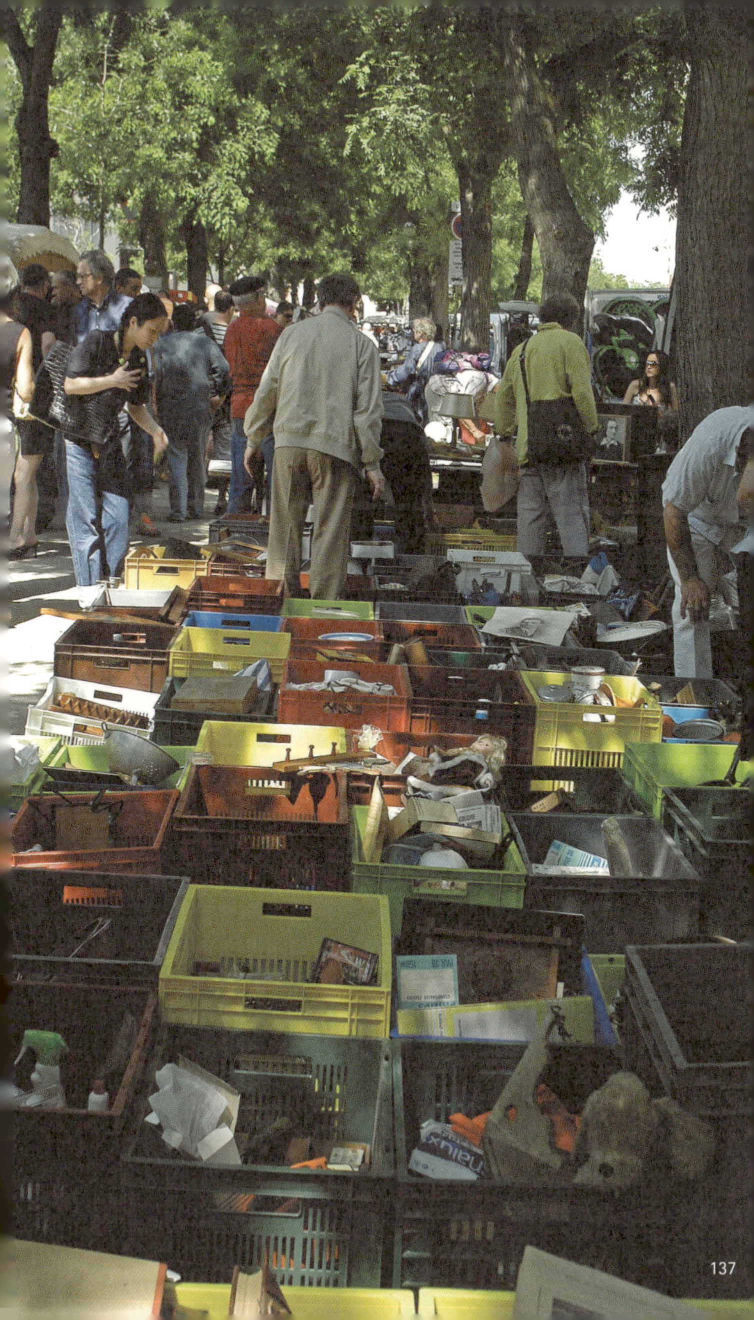

蚤(のみ)の市の売りモノたち
Les articles en vente au marché aux puces.
[レ・ザルティクル・アン・ヴァント・オ・マルシェ・オー・ピュース]

おもちゃ箱をひっくり返したような賑やかな品揃えは、じっくりと見て歩きたい。

Une affiche
[ユン・ナフィシュ]
ポスター

映画のポスターは une affiche de film [ユン・ナフィシュ・ドゥ・フィルム]。

Un bijou [アン・ビジュー]
アクセサリー

ネックレスは un collier [アン・コリエ]。

Un bocal [アン・ボカル]
貯蔵ビン

缶は une boîte [ユンヌ・ボワット]。

Un bol [アン・ボル]
ボール

朝ごはんはこれにカフェオレを入れて。カップは une tasse [ユンヌ・タス]。

Une carafe [ユンヌ・カラフ]
水差し

アニス酒 (l'anisette [ラニゼット] (f.)) を割るための水を入れるビン。

Un bouton [アン・ブトン]
ボタン

スナップボタンは un bouton-pression [アン・ブトン・プレスィオン]。

Une cafetière
[ユンヌ・カフェティエール]
コーヒーポット

コーヒーメーカーは、une machine à café [ユンヌ・マシーナ・カフェ]。

Un calculateur
[アン・カルキュラトゥール]
計算機

動詞 calculer [カルキュレ] は"計算する"の意味。

Un cendrier
[アン・サンドリエ]
灰皿

カフェでも見かけるメーカー名入り。la cendre [ラ・サンドル] は灰。

Une clef (clé)
[ユンヌ・クレ]
鍵

ホテルの部屋番号のプレートは une plaque de numéro [ユンヌ・プラック・ドゥ・ニュメロ]。

Une cocotte
[ユンヌ・ココット]
蓋つき鍋

une casserole [ユンヌ・カスロール] は片手なべ。

Une étiquette
[ユン・ネティケット]
値札

ワインのラベルも une étiquette de vin [ユン・ネティケット・ドゥ・ヴァン] と呼ぶ。

蚤の市の売りモノたち

Une bobine de fil
[ユンヌ・ボビーヌ・ドゥ・フィル]
糸巻き

紐は un cordon [アン・コルドン]、リボンは un ruban [アン・リュバン]。

Un inhalateur
[アン・ニナラトゥール]
吸入器

風邪の時に蒸気を吸(inhaler [イナレ])ための器具。

Un jeton [アン・ジュトン]
チップ

ゲームの賭けにお金代わりに用いたもの。

Un jouet [アン・ジュエ]
おもちゃ

ブリキのおもちゃは un jouet en fer-blanc [アン・ジュエ・アン・フェル・ブラン]。

Un livre d'occasion
[アン・リーヴル・ドカズィオン]
古本

漫画は une bande dessinée [ユンヌ・バンド・デスィネ]。

Une machine à coudre
[ユンヌ・マシーナ・クードル]
ミシン

縫う(coudre)用の機械(la machine)。

Une machine à écrire
[ユンヌ・マシーナ・エクリル]
タイプライター

こちらは書く (écrire) ための機械。

Un moule [アン・ムール]
型

マドレーヌの型は un moule à madeleine [アン・ムーラ・マドレーヌ]。

Un interrupteur
[アン・ナンテリュプトゥール]
スイッチ

取っ手は une poignée [ユンヌ・ポワニェ]。

Une poupée
[ユンヌ・プーペ]
人形

編み棒は une aiguille à tricoter [ユン・ネギュイ・ヤ・トリコテ]。

Un torchon
[アン・トルション]
ふきん

テーブルクロスは une nappe [ユンヌ・ナップ]。

Une voiture miniature
[ユンヌ・ヴォワテュール・ミニアテュール]
ミニチュアカー

または un mini-car [アン・ミニ・カル] (ミニカー)。

141

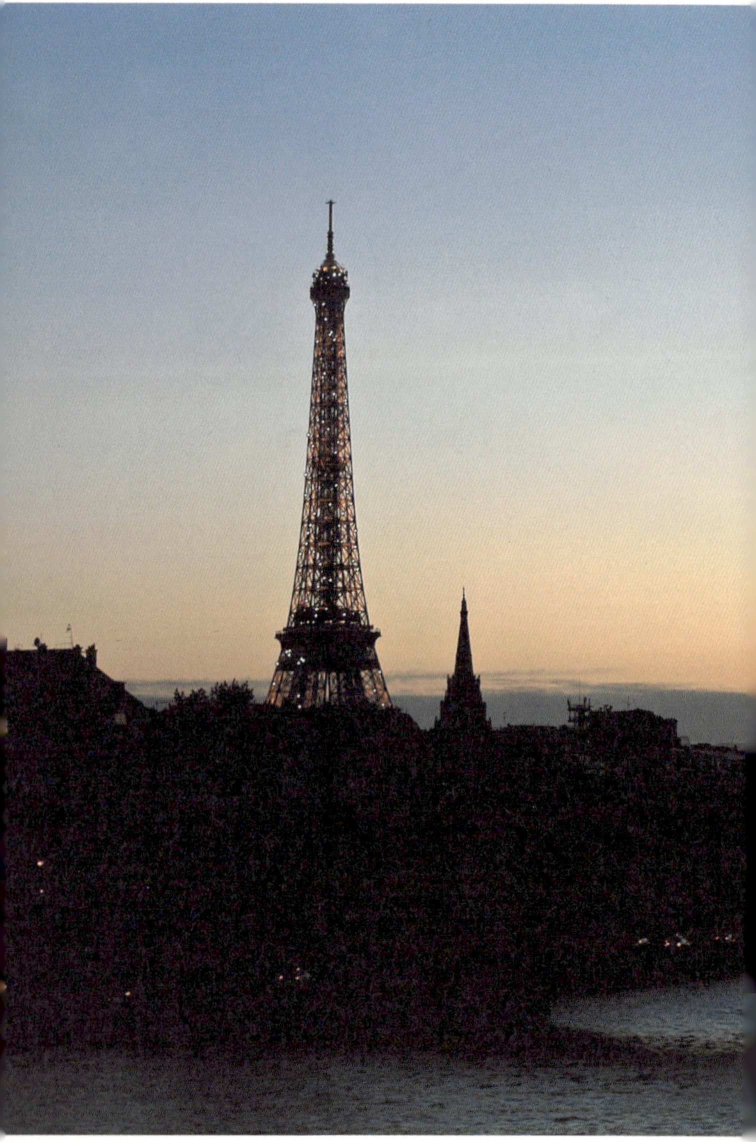

Huuu, j'ai bien marché toute la journée.
[ウー、ジェ・ビヤン・マルシェ・トゥート・ラ・ジュルネ]

Mais c'était un jour formidable.
[メ・セテ・アン・ジュール・フォルミダーブル]

J'espère qu'il fera beau demain aussi.
[ジェスペル・キル・フラ・ボー・ドゥマン・オスィ]

ふぅ、一日中よく歩いたよ。
でも、すばらしい日だったな。
明日もまた晴れますように。

明日も晴れますように

著　者

酒巻 洋子（さかまき ようこ）
フリー編集ライター
女子美術大学デザイン科を卒業後、渡仏。パリの料理学校、ル・コルドン・ブルーに留学。帰国後、編集プロダクション、出版社勤務を経てフリーに。2003年に再び、渡仏。現在パリ郊外在住。ブログ「いつものパリ」http://paparis.exblog.jp/ でパリのお散歩写真を公開中。著書に「パン屋さんのフランス語」（三修社）、「カフェでフランス語」（三修社）、「フランス バゲットのある風景」（産業編集センター）がある。

Remerciements à la famille Péret pour leur aide à la réalisation de ce livre.

お散歩しながらフランス語

2007年6月20日　第1刷発行

著　者　酒巻洋子
発行者　前田俊秀
発行所　株式会社 三修社
　　　　〒107-0062 東京都港区南青山2-28-6
　　　　TEL 03-3405-4511　FAX 03-3405-4522
　　　　振替 00190-9-72758
　　　　編集担当　菊池 暁

印刷・製本　凸版印刷株式会社

装丁・本文デザイン　秋田康弘

©Yoko Sakamaki 2007 Printed in Japan
ISBN978-4-384-05463-7

R <日本複写権センター委託出版物>
本書の全部または一部を無断で複写複製（コピー）することは、著作権法上での例外を除き、禁じられています。本書からの複写を希望される場合は、日本複写権センター（TEL 03-3401-2382）にご連絡ください。